香山リカ

しがみつかない生き方

「ふつうの幸せ」を手に入れる10のルール

幻冬舎新書

132

しがみつかない生き方／目次

図版作成 堀内美保(TYPE FACE)

序章　ほしいのは「ふつうの幸せ」

なぜ「ふつうの幸せ」が手に入らないのか

書店に行くと、目もくらむような幸福や成功をつかむための本が、山のように出ている。

『ハッピーなお金持ちになれる本』『幸福も成功も手にするメソッド』『努力嫌いの成功法則』『幸せ成功力を高めるノート』『勝者になるための成功の心理学』『成功者の思考法』などなど。そこで言われているのは、いずれも「年収二〇〇〇万円」「全米ナンバーワン」「本当の夢をかなえる」「どんな問題も解決する」など、かなりレベルの高い幸福や成功だ。

しかし、その手の本を読んだくらいでそこまでの幸福や成功を手にできる人は、実際にはほとんどいないはずだ。また、本気で「本当に幸せになるには、全国ナンバーワンの営業マンにならなければ」と思っている人も、そうはいないのではないか。成功法の本を買う人であっても、改めて「どのくらいの幸福がほしいのですか」ときかれれば、「まあ、そこそこの生活ができるくらいでいいです」とか、「ふつうの幸せが手に入れば十分です」などと答えるのではないだろうか。

ところが、診察室にいると、その〝ふつうの幸せ〟というものを手にするのがどんなにむずかしいのか、ということがよくわかる。

なぜ、〝ふつうの幸せ〟が手に入らないのか。その理由は、一九八〇年代後半から二〇〇二年頃までとそれ以降とで、少し違うのではないだろうか。

「飽くなき成功願望」ゆえに満たされない

一九九〇年代には、診察室に、客観的な幸福と主観的な幸福とにかなりのズレがある人が多くやって来た。つまり、客観的には十分、〝ふつうに幸せ〟であってもそれに満足できず、「本来ならもっと幸せでもいいはず」と思って苦しむ人たちだ。この人たちの場合は、「私は特別な人間であるはず」という自己愛的な思いが、目の前の〝ふつうの幸せ〟を見えなくしてしまっている。

このタイプの人たちにとってのあこがれは、ほしいものは何でも手に入れているように見える歌手の松田聖子さんだった。アイドルの座、アメリカ進出、名声と収入、恋人たちや夫、娘、そしていつまでたっても変わらない美しさ。貪欲なまでに自分のほしいものを求め続ける聖子さんを見ていると、ふつうに会社に行ってふつうに結婚して……といった自分の人生が、色あせたものに思えてくる。せめて、やりたいことは思いきりやりたいと思うけれど、何が「やりたいこと」なのかもわからないので、それを探すために自己啓発セミナーに通ったり、カウンセリングを受けようとしたりした人たちもいた。

こういう人たちの〝飽くなき成功願望〟は、自分の現状を見えにくくするが、同時に向上心や成長欲をも刺激することはたしかだ。おそらく、冒頭に紹介したような書籍を買う人たちも、自己実現したい、もっと向上したい、成長したい、と強く思って努力を惜しまないタイプであろう。

とはいえ、「私も聖子ちゃんみたいに、恋も子どもも社会的成功も……」と願って努力を続けていても、もちろんそれがかなう人はほとんどいない。「大成功はむずかしいかもしれない」と気づき始めた人たちに対して、「これまでの努力が花開くのはこれから」「これこそが本当のメソッド」とさらに希望をつながせ、高額なセミナーやＤＶＤ

を買わせようとするビジネスも少なくない。もちろん、最終的に成功して幸福になれるかどうかは本人の自己責任ということになっていて、セミナーやDVDの提供者が責任を問われることはない。

「まだ成功のチャンスはある」とそそのかされ、高額のセミナーや講演会などに参加したり本やDVDを買ったりしても、なかなか望んだような成功や幸福が手に入らない人は、その後どうなるのか。「やっぱりだめだ」と落ち込んでうつ状態になり、精神科の診察室を訪れる人もいる。「どうしてこんなに努力しているのに幸福になれないのか」と怒りを覚え、家族やまわりの環境のせいにして攻撃したり、成功しているように見える人に嫉妬したりする人もいる。

こういう自己愛タイプの場合は、臨床的な解決はそれほどむずかしくないはずなのだ。〝飽くなき成功、成長願望〟そのものが間違っていること、実は自分はすでに客観的にはそれなりに幸福であることを受け入れることができれば、問題のほとんどは解決する。ところが、一度、〝飽くなき成功〟を目指し始めた人が「やっぱりほどほどにしておくか」と妥協するのは、実際には予想以上にむずかしい。いったん〝ふつうの幸せ〟を受け入れたかに見えても、テレビや雑誌で「年収一億円を達成した女性マネージャー」などを目にすると、また「私だってもう少しがんばれば」と思い始める。それはまるで、洗脳されてカルト教団に入っていた信者が、せっかく脱会したのに、教祖の写真を見ただけで再び脳のスイッチが入ったかのように元に戻ってしまう、というのに似ている。

この幸せがいつまで続くのか

ところが、二〇〇〇年代に入って、診察室で「幸せではない」と訴える人たちの状況が少し変わってきた。

客観的には〝ふつうに幸せ〟なのに、それではもの足りないと思っている貪欲な自己愛タイプも少なくはないのだが、それとは違うタイプの人たちも増えてきたのだ。

たとえば、〝ふつうの幸せ〟はとりあえず手に入っていて、それ以上はとくに望んでいるわけではないにもかかわらず、「これがいつまで続くのか」「これで満足してよいのか」と自問しているうちに、何が幸せかがわからなくなってしまう、という人たちがいる。

ある女性は、大学卒業後、ひとつの仕事に打ち込んで四十代を迎えた。仕事ひとすじ、と決めていたわけではないのだが、気がついてみると夫も子どももいない。両親は地方におり、健康とは言えないがまだ介護の必要はない。「自分たちのことは何とかするから、あなたは都会でがんばりなさい」と言ってくれる。実家に帰ることもないか、と数年前に小さなマンションを買ったが、ローンはまだ払い終わっていない。

派手な生活ではないが、仕事では信頼されていて、友だちもいるし趣味もある。立派な自立した女性と言えるが、彼女自身は最近、ひどく不安になると言う。

「いまの会社で定年を迎えたとして、その後、何が残るのでしょう。あの小さなマンションひとつです。これからは体力も落ちてきて、これまでのようには働けなくなるし、役員になるといった道もなさそうです。私の人生、いったい何だったのでしょう。子どももいなくて、生き物としての務めも果たしていない私は、もしかしてスズメや野良ネコ以下かも、と思うんです……」

そこまで卑下する必要もないのでは、と言うと、「でも」と彼女は反論した。

「これまでの話は、このまま働き続けられたら、という前提でのことです。私の会社も成果主義を導入するなど何かと厳しくなっちゃって、正直言ってこれ以上、やっていくのもしんどいんですよ。もう辞めようかな、と思うこともあります」

「このへんでしばらく休養、というのもひとつの選択ですが、いまの会社ではベテランとして信頼も厚いのでしょうから、あわてて辞めなくても」と言っても、「どうせいつかは辞めるのだから、まわりへの影響が少ないうちに」などとどんどん退職の方向に傾いていく人もいる。

四十代になってから退職しても、すぐ次の就職先が見つかるとは限らない。場合によっては、派遣会社に登録し、非正規雇用の職でしばらくしのぐことになるかもしれない。そうなると、ますます経済的な不安も大きくなり、「私は社会の役に立っている」という自己肯定感も目減りしていく。

三十五歳シングル「すーちゃん」の不安

こういう人の場合、〝ふつうの幸せ〟は十分、得られているにもかかわらず、そこにとどまり続けられるか、とどまっていいのか、と戸惑いを感じる。おそらく〝ふつうの幸せ〟がこのままずっと続く、という前提でものを考えてはいけない、という発想が、彼らの心の中にはあるのだろう。

病気になったり突然リストラされたりすることは、いつの時代にもあることだ。仕事を続けたりひとりで生活したりすることじたいが、むずかしくなることもあるかもしれない。しかし、これまでは「そんなことはまず起きない」という前提で、あるいは「そのときはそのとき、何とかなるだろう」という仮定で、私たちは「今日の生活は明日も続く」と思って自分を安心させてきたはずだ。

二〇〇八年に発行され、多くの女性読者の共感を呼んだマンガ『結婚しなくていいですか。すーちゃんの明日』（益田ミリ、幻冬舎）の主人公・すーちゃんは、三十五歳のシングル女性で、現在はカフェの雇われ店長をしている。いまは経済的にも自立し、ときにはヨガなどの趣味も楽しむすーちゃんだが、ときには「ずーっとつづけていけるのかな」と将来に不安を覚える。するとたんに、「今、35歳だから60まで働くとしてあと25年」といった現実的な計算が始まり、「いつ、なにがどーなるかわかんないし〜」といったマイナス思考のモードに入ってしまう。

しかし、すーちゃんのマイナス思考は、たいていの場合は長く続かない。「お腹いっぱーい」とか「カレーとマフィンのセットって、うちの店でもいいかも」といった生理的な満足やちょっとしたアイディアなどが頭をよぎることで終了し、また笑顔が戻るのである。

おそらくたいていの人の場合は、こうやっていまのところは何とか、「〝ふつうの幸せ〟は続かない、続けてはいけない」といった発想を断ち切り、現実の生活に再び着地しているのだろう。しかし、それがうまくできず、先に紹介した女性のように、「いまのうちに辞めたほうが」と勧告もされていないのに退職してしまったり、「いつまでもこんな忙しい業界にいるのは」と築いたキャリアを手放してしまったりする人は確実に増えているように思う。

「ふつうの生活」を望んでいるだけなのに

それからさらにここ二年ほどは、〝ふつうの幸せ〟ではもの足りない、とそれを侮蔑しているわけでも、続けられないかもしれない、と先回りして不安に陥っているわけで

©『結婚しなくていいですか。——すーちゃんの明日』（益田ミリ　幻冬舎）

もないにもかかわらず、現実的にそれを手にできない人も増えている。つまり、「何かあっても何とかなるだろう」という仮定が、実際に成り立たなくなりつつあるのである。

たとえば、単身生活をしていたある男性は、激務から心身の調子を崩し、「うつ病」との診断で会社を長期休職せざるをえなくなった。勤務年数を鑑《かんが》みて許された休職期間を目いっぱい使ったが、どうしてもからだが回復しない。会社の規定により、彼は退職することになった。

勤務実績が少ないため、退職金は出ない。ただ、幸いなことに健康保険から支払われる傷病手当の期間はまだ残っていたため、基本給の六割程度が数カ月、保証されることになった。しかし、それでは到底、いまのマンションの家賃を払って生活していくことはできない。主治医に勧められて生活保護受給の相談に行ったが、「家賃が高すぎる。家賃の不足分を生活保護で充塡《じゅうてん》するつもりなら、支給できない。まずは引っ越して」と言われた。安いアパートを探して引っ越しの準備をする気力や体力などない。正社員だった頃の貯金は、休職期間中の生活費にあててしまった。

両親は彼が幼い頃に離婚し、自分を育ててくれた父親は二年前に亡くなった。母と兄がどこかにいるはずだが、まったくの音信不通で連絡は取れない。元から引っ込み思案の性格のため、こういうときに気軽に相談できる友だちもいない。彼女らしき女性もいたのだが、休職が長びく中で「元気になったらまた連絡して」と去って行った。

まさに孤立無援の状態の中、彼は「こんなはずじゃなかったのに」と診察室で首をひねった。「出世したいとかすごい資産を作りたいとか、そんなことを望んでいるわけじゃないんです。ふつうに働いて、ふつうに生活できればそれでいいんです。でも、それさえままならない。アパートを移って、生保を申請して、それからからだを治して、また仕事ができるようになるまでにどれくらいかかるのか、と考えたら気が遠くなりそうです。もし引っ越しもできないままお金も尽きてしまったら孤独死するしかないけれど、誰も気づいてくれないかもしれませんね……」

昔であれば、彼のような青年がとりあえず身を寄せる場所が、どこかにあったのではないだろうか。遠い親戚が、「元気になったら出て行ってよ」とちょっと苦い顔をしながらも、しばらくは生活の面倒を見てくれたのではないか。「働けないの？　ときどきは食事を届けるから」と言ってくれる世話好きな隣人もいただろう。同郷の友人あるいは先輩が、数万円を「出世払いで」と貸してくれることもめずらしくなかったはずだ。ちょっとフィクションめいているが、年上の水商売の女性が「しばらくいなさいよ」と部屋に住まわせてくれることだってあったかもしれない。それもダメとなれば、神社や寺、教会などに駆け込めば、最低の食事か住まいは提供してもらえたと思う。

公的サービスに頼らなくても、どうにもならなくなった人をどうにかするというゆるやかな助け合いのシステムが、かつての社会には存在していた。ところが、先ほど紹介した男性のように、いまは週に五日以上、フルタイムで働き続けることができなくなれば、あっという間にホームレス、ネットカフェ難民、さらには孤独死までが近づいてくるのだ。そして、健康上の理由だけではなくて、現在は不況の影響により、元気に働ける人でもなかなかフルタイムの仕事につくことができなくなっている。

いったんレールから外れたらもうおしまい

この人たちに、「〝飽くなき成功幻想〟など捨てて、〝ふつうの幸せ〟で満足しなさい」と言っても、それは何かのジョークにしか聞こえないだろう。彼らは〝ふつうの幸せ〟

どころか、幸せでなくてもよいので〝ふつうの生活〟がしたいと思っているだけなのだ。しかし、いまや〝ふつうの生活〟〝ふつうの幸せ〟が手が届かない最高の贅沢《ぜいたく》となっている人たちが増えつつある。そのことは、日本の自殺者が十一年連続三万人台を超えていることを見ても明らかだろう。

二〇〇五年十二月、文化人類学者の木村忠正氏が雑誌に発表した「ＪＦＫ大学生比較調査」の結果は、一部で大きな関心を呼んだ。

「信頼」「善良」という言葉のそれぞれの言語でのニュアンスの違いもあるかもしれないが、フィンランド、韓国との比較で見ると、日本の大学生は他者への信頼度が低く、逆に不信度が高い、ということが明らかになったのだ。日本には昔から「人を見たら泥棒と思え」ということわざもあるが、これは彼らが警戒心が過剰であることを反映しているというよりは、実際に社会や他者が信頼、信用できないという実感から導き出された結果なのではないだろうか。誰も信用できない、いったんレールから外れたらもうおしまい、という不信感、緊張感の中で暮らし続けたら、〝ふつうの幸せ〟は遠ざかる一方であろう。あるいは、いくら〝ふつうの幸せ〟を手にしたい、と思っても、不信社会

対人信頼感の比較（JFK大学生比較調査）

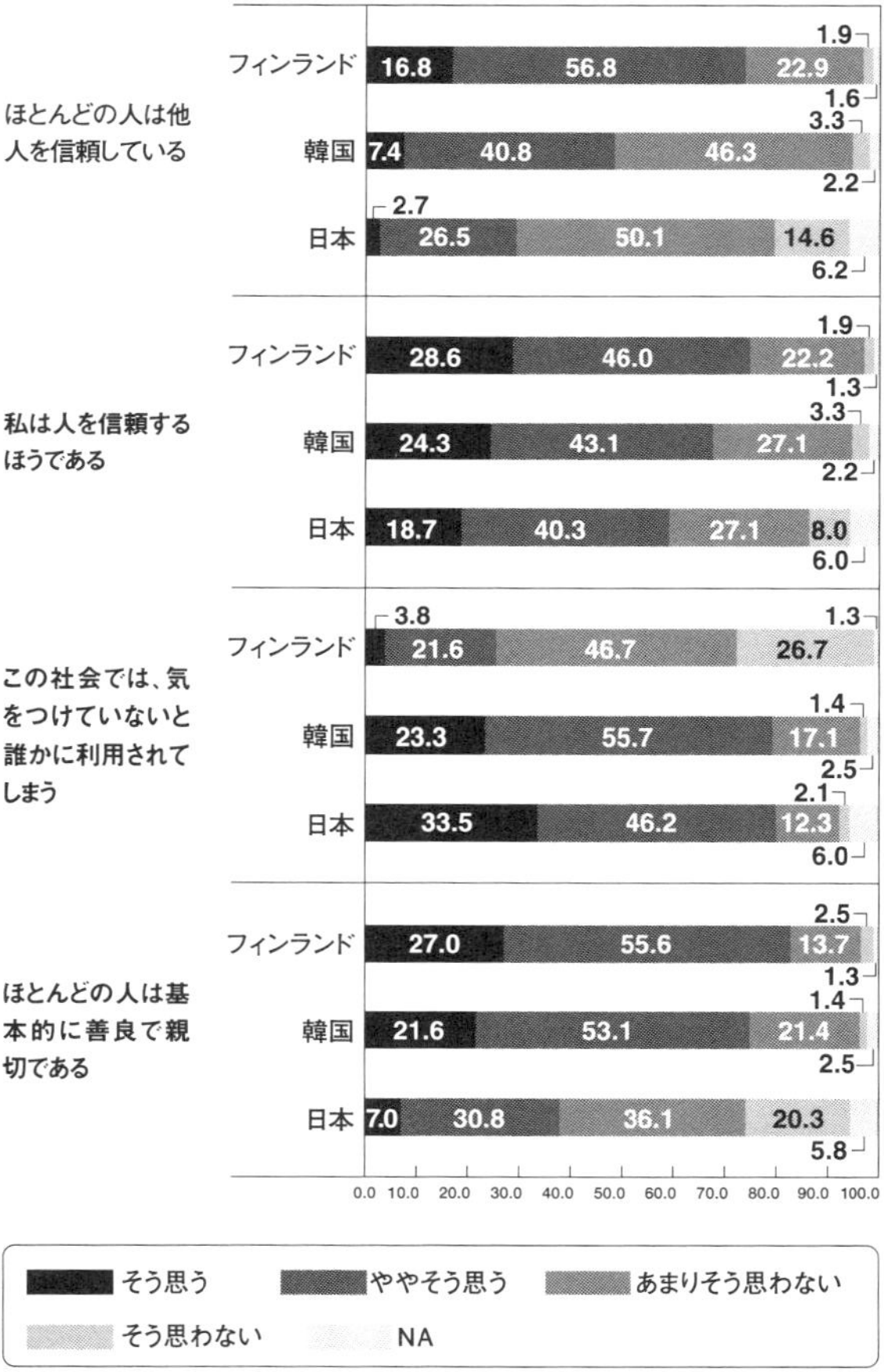

出典：木村忠正 2005「『問メディア性』本格化の年」、『NIRA政策研究』第18巻第12号（2005年12月）、28-32ページ（上記図は、31ページ）

では、それすら高嶺の花になってもおかしくはない。

高望みはしない。ごくごくあたりまえの幸せがほしいだけ。戦時下でもないのに、そんな望みもかなえられない社会が、有史以来、ほかにあったであろうか。

ちっぽけな幸せもなかなか手にできないこの時代、少しでもそれに近づくためには、私たちひとりひとりはどういう心がけで、何をすればよいのか。それについて、これから考えてみたい。

第1章 恋愛にすべてを捧げない

恋をしているから寂しい

「時々、急に、寂しくなったりしませんか？」

これは、二〇〇八年十二月二十四日に自宅マンションで死亡しているのが発見された元タレント・飯島愛さんのブログに書かれた言葉だ。日付は、同年の十一月三十日となっている。ブログはこう続く。

理由は、恋をしているからとか、男に振られたからとか、
忙しない毎日に身を委ね、ふと気がついた瞬間とか
なんか空虚感が突然襲ってきたり・・・
大好きな曲を懐かしく感じたとき、思い出に縛られちゃって動けない事とか・・・
ない？

非日常でなく日常の中にポカンと穴が空いちゃっている感じ。

ない？

飯島さんのブログには、この「寂しい」という言葉がときどき登場する。

もの凄い寂しがりやであります。だって寂しくねーか？

っ、寒い寒い。寒いさみ～い寂しい寒い。

タレント業からは引退したとはいえ、ブログを見る限り、飯島さんは「寂しくて仕方ない」という生活を送っていたわけではなさそうだ。渋谷のど真ん中にある高級マンションに住み、パーティに出かけたり新しいビジネスに向けて打ち合わせに出たり、十分に充実した生活を送っているように見える。

それでも彼女は、顔も見えない読者に向かって心の内を語りながら、「寂しい」を連発しているのである。

これはいったいどうしてなのだろう。華やかな芸能界にいた頃に比べればたしかにその後の生活は味気ないものに思えたのかもしれないが、本人さえ望めばいくらでもタレントとして再び復帰する道はあったはずだ。

毎日、会うような恋人がいないから、「寂しい」のだろうか。しかし、冒頭で引用したブログによれば、飯島さんは「恋をしているからこそ寂しく感じる」といった発言もしている。この時期、彼女に恋人と呼べる男性がいたかどうかはわからないが、とにかく恋愛は自分を寂しさから救ってくれるどころか、寂しさの原因そのものになることさえある、と言っているのである。

「恋愛がどうして寂しさの原因になるの？」と疑問に思う人もいるかもしれないが、恋愛がきっかけとなって心身の調子やバランスを崩し、結果的には飯島さんのような「埋めがたい寂しさ」が心に巣食ってしまうことになる人は、とくに女性では少なくない。

精神科医として診察室で会うのは、それがいわゆる相思相愛であっても一方的な片思いであっても、すでに恋愛を始めていて、それによって不眠、食欲不振、過呼吸、めまい、情緒不安定、抑うつ気分などの症状を呈している女性たちだ。つまり、私は彼女たちの元気な姿を知らない、ということになる。だから、「もしかするとこの不調は恋愛だけが原因なのではなくて、仕事の悩みや家族の問題なども関係しているのかもしれない」と考えることもできる。

しかし、教員として大学で出会った女性たちは違う。

ある女性は、学生時代は「恋愛より演劇」とサークル活動にのめり込んでいて、卒業論文でも演劇にちなんだテーマを選んだ。卒業の時期が迫っても、なかなか論文にも着手せず就職活動も始めない彼女を見ながらゼミの指導教員としてはかなりやきもきしたのだが、「今度の公演、見に来てください！」と明るい笑顔で言われると、つい「思う存分、がんばってね」と言いたくなってしまうのだった。

結果的に彼女は論文を何とか書き上げ、演劇サークルの先輩の紹介で就職することもできた。私はほっとして、これほどひとつのことに打ち込むエネルギーを持っている彼女なのだから、社会に出てからもさぞ活躍するに違いない、とその前途におおいに期待した。

義理堅い彼女は卒業後も定期的に近況報告のメールをくれ、半年に一回くらい、同期のゼミ生たちも交えて食事をするときには必ず幹事役を買って出てくれた。

あるときの集まりの席で彼女は「実は、私、彼氏ができたんです」と〝宣言〟し、その場にいたみんなは、拍手喝采しながら「どんな人？　もう〝お泊り〟もした？」「結婚しそう？」などと同期生ならではの無遠慮な質問を浴びせかけた。彼女は彼の顔が写った写メールを見せたりその恋人の勤務先について語ったりしていたが、私はいつもは明るさに満ちた彼女の顔になんとなくかげりが見えたような気がしたのが、ちょっと気になった。

彼女から「先生に話したいことがある」というメールが来たのは、それから一月くらい後のことだった。待ち合わせたカフェに行くと、「あ、先生」と手をあげた彼女は別人かと思うほどやつれた顔をしていた。彼女は、あいさつもそこそこに「彼にメールをしてもほとんど返ってこない」「親に紹介したい、と言ったら〝冗談じゃない〟と怒られた」といった話を一気にした。

どう考えても、相手は彼女との交際を真剣に考えているとは思えない。「残念だけど、その彼はもうあなたへの愛情はないと思うし、あなたにふさわしい人とも思えない」と言うと、今度は彼女はいきり立って彼を弁護し始めた。

「先生にはわからないと思うけれど、彼は基本的にはまじめな人なんです。きっと仕事が忙しいだけなんですよ。結婚のことだって、あまり安請け合いはしたくない、ということかもしれないじゃないですか！　それに、全然、連絡がないわけじゃないんです。先週だっていきなり深夜に部屋に来てくれて、そのときはいつもと同じようにやさしかったし」

おそらく彼女は、私に「大丈夫、彼はあなたを愛しているよ」と〝保証〟してもらいたかったのかもしれない。「いまにも連絡が来るかもしれない」とばかりに握りしめた携帯電話をじっと見つめる彼女の姿に、私はそれ以上、何も言えなくなり、あとはほかの話をしてその日は別れた。

恋愛のせいでからだも心もぼろぼろに

それ以来、彼女からは毎月のように「会いたい」という連絡が来るようになり、お茶や食事をしたのだが、会うたびに彼女の顔色は悪くなり、やつれ方もひどくなっていった。彼は相変わらず気まぐれに彼女の部屋に寄るだけで、ほかはメールをしても電話をしても応じてくれないのだと言う。「別れよう、って言われたわけじゃないのに、私から別れ話なんてできません」「彼に〝自分は忙しいから家に来られるのは困る〟と言われているんですけど、このあいだ家まで行ってしまいました。灯りはついていたけれど中にいるのかいないのかは、わからなかった」と思い詰めたような表情で語る様子には、あのはつらつとした演劇少女の面影はまったくなかった。

「友だちも心配しているんじゃないの」ときくと、それがそうでもないのだと言う。むしろ、「恋やつれ、ってやつだね、うらやましい」とか「〝ひたすら待つ女〟なんてカッコイイ、いつか彼もその愛にこたえてくれるよ」と応援するようなことを言われることが多い。「それってひどいね、本当の友だちなら早く手を切ったほうがいい、って言うはずだよ」といきり立つ私をなだめるように「まあまあ」と言い、彼女は苦笑した。「みんな、いくらひどい相手でも、好きな人やつき合う人がいないよりはいたほうがマシ、とわかっているんですよ。私だってそう思うし……」

楽しいはずの恋愛が、なぜ彼女をここまで追い詰め、心身の健康を奪うのか、と私はまだ会ったことのない彼女の相手をではなく、恋愛そのものを恨みたい気持ちにかられた。

次の月には、彼女からのメールに「食事がまったく喉を通らず、朝起きれない」「こんな毎日ならもう消えたほうがいいかも」といった言葉が混じるようになったので、私は「もうお薬を飲まないとまずいと思うから、今度は病院のほうに来て」と返した。

診察室で蒼《あお》ざめた顔をしてうつむきながらも握りしめた携帯電話を手放せない彼女は、ほかの患者さんたちとまったく変わりない〝病人〟だった。

「もうひとりじゃいられない。でも彼はいっしょにいてくれない。親や友人じゃダメなんです。仕事はつらいだけ。毎日、寂しくて寂しくて、もう死んじゃいたい……」

彼女もまた、恋愛によって「埋めがたい寂しさ」を植えつけられ、それによって心身の健康を大きく損ねてしまったのだ。

「親・友人」「仕事」は恋愛とは別もの

もちろんここでいちばん問題なのは、彼女の相手がどうもいいかげんな男で、結婚の意思どころか恋愛感情さえ希薄なまま、自分の都合のよいときだけ彼女と会おうとしていることだ。もう少し誠実な男性と交際していたら、彼女はここまでの「寂しさ」に陥らずにすんだであろう。

しかし、もうひとつ大きな問題がある。

それは、彼女の発言の中の「親や友人じゃダメ、仕事はつらいだけ」という部分にも現れている。もちろん、なかなか会えない相手との恋愛のつらさがほかの何かで代償されるとは思わないが、そのことと「親や友人」や「仕事」のことは本来は別ものであるはずだ。もっと言えば、いくら恋愛がうまくいかなくても、「親や友人」が大事な存在であることには変わりはなく、「仕事」の成果やそれに対する評価の価値が下がることもありえない。

それなのに彼女は、「彼と思い通りに連絡がつかなければ、それだけで親や友人、仕事は意味のないものになる」と考え、さらには「〝彼以外〟のところで作られた自分自身の価値までが失われる」として、どんどん自信を低下させてしまっている。

だからこそ、本当ならばそのいいかげんな恋人に対して「あなた、いったいどういうつもりなの！　こんなことを続けるなら、もう別れましょう！」と抗議すべきところ、それができずに、「私なんか生きていても意味がない」とか「消えてしまいたい」という方向に考えを進めることしかできないのだ。

一度、こういう状況に陥ると、いくら「恋愛はアンラッキーだったかもしれないけれど、あなたにはステキな友だちや家族がいるじゃない」とか「こんなに仕事の場では評価されているのだから、そんなおかしな彼氏から連絡がないくらいで自信を失わないで」と励ましても、まったく聞き入れられなくなってしまう。恋愛でつまずくと、そのほかの人間関係、仕事、報酬や貯金、資格や趣味などは、「でもこれがあるから大丈夫」と自分を支えるよすがにならなくなることが多いのである。

「恋愛がすべて」思考から自分を解放する

おそらく飯島愛さんもそうだったのではないだろうか。

引退後もブログの読者や芸能界時代の友人、知人に愛され、そのタレントとしての才能を惜しむ声が高かった飯島さんだが、「恋人がいない」あるいは「すぐに結婚に結びつくような恋愛をしていない」というだけで、それらのすべてが「まったく意味がないもの」と見え、自分も「生きている価値がない存在」だと思っていたのではないだろうか。そしてひたすら、「寂しい寂しい……」と繰り返し、この窮地から救い出してくれる〝誰か〟を待ち望んでいたのかもしれない。

もしかすると「じゃ僕が」と名乗りを上げる男性もいたのかもしれないが、底知れぬ「寂しさ」にとりつかれた人を癒すのは簡単なことではない。比喩《ひゆ》ではなく、「二十四時間、抱きしめ続ける」くらいのことをしなければ、その「寂しさ」は軽減されないのである。そう言えば、先の元学生も、「彼氏が来ない夜は、一晩中、毛布をかぶって膝を抱えています」と話していた。文字通り、自分で自分を抱きしめていたわけだ。

こういう人たちがまずすべきなのは、何だろう。誠実な交際、結婚の約束などを求めて、まじめで愛情深い男性を探すことだろうか。それとも、とりあえずは自分を「寂しさ」から守ってくれる親や親友に頼ることだろうか。

さしあたりはそれでもよいが、本当にすべきことは別にある。それは、たとえ恋愛がうまくいかなくても、それで「ほかのことはすべて意味がない」とか「私は無価値な人間だ」と考えてしまうような思考のスタイルから、自分を解放することだ。

たとえ恋愛が思い通りにいかなくても、私には友人もいれば仕事もある。ペットもいるし資格も持っている。ボーナスで買ったステキなバッグもあれば、子ども時代からコレクションしている小物もある。それらの価値、それらを持っている自分の価値は、不実な恋人や失恋くらいでは、まったく変わることはない……。胸を張ってこう言えるよう、恋愛をほかの自分の心の部分とごちゃ混ぜにしてしまわないよう、切り離して考える〝心の習慣〟を身につけることが大切だ。

若い女性は恋愛禁止！

しかし、これは言うほど簡単なことではない。いくら「仕事と恋愛は別」と割り切っているつもりでも、彼からメールの返事がなかっただけで、世界が真っ暗になり、自分の足元がガラガラと崩れるような思いに襲われてしまう、という人は少なくないのだ。

しかも、日頃から「私にとっていちばん大切なのは恋愛」と公言している女性ばかりが、こうなるわけではない。いや、「私っていつも好きな人がいないと生きていけない

〝恋愛体質〟なんだよね」などと自覚し、人にも話している女性は、それだけ恋愛経験が豊富なこともあって、「恋愛の失敗によってそれまで作り上げたすべての価値がなくなる」などという思いをすることはむしろ少ない。運やタイミング、賭けの要素も大きい恋愛のような経験があまりなく、「努力をすればした分だけの成果、評価が得られる」という勉強や仕事の世界にどっぷり浸《つ》かっていた人ほど、「どうして？　こんなにがんばってもなぜ彼は振り向いてくれないの？」と衝撃を受け、そのことで頭がいっぱいになりやすい。さらに、「努力して得られる成果なんて、実はつまらないものだ。努力が結果に結びつくとは限らない恋愛こそ、本当にその人の価値が試される」などという思いにとらわれ、自分の価値を過小評価してしまうことになりかねない。

自分のがんばり、努力で築いてきた過去を否定し、恋人ができない、プロポーズされないというだけで「私なんて意味も価値もない」と落ち込んで心身が壊れていく人たちを見ていると、いっそのこと、若い女性は心身の健康のために恋愛などしないほうがいい、と言いたくなることもある。とはいえ、恋愛する自由は誰にでもあるのだから、「若い女性は恋愛禁止」などというのは人権の侵害になってしまう。

ならばせめて、日頃から自分に言い聞かせておくべきではないのか。

「恋愛がすべてではない」

あるいは、こういう言い方でもいいだろう。

「恋愛のように成否が相手にかかっているものより、自分の努力で手に入る成功のほうが、ずっと貴重なものなんだ」

もちろん、恋愛は「この人に出会うために私は生まれた」と強く、そして簡単に生まれた意味を実感させてくれる〝便利な手段〟ではあるが、それは生まれた意味や生きる価値を確認する〝唯一の手段〟ではないのだ。

マーケティングに踊らされない

ポピュラー音楽、小説、映画、テレビドラマなどの最大のテーマは、昔も今も「恋愛」だ。雑誌を見ても、「モテ服はこれ」「このメイクで合コンに勝利」など、とにかく恋愛を奨励するような記事ばかりが並んでいる。「恋しないと息できない」などといったキャッチコピーで広告を打つ、いわゆる〝出会いサービス〟の企業もある。こうやって毎日、おびただしい数と量の「恋愛もの」に触れていると、若い人が「恋愛ってものはすごく重要なんだ」と思うようになっても無理はない。

ただ、これらのマスメディアやサービス、作品のほとんどは、ビジネスとして「恋愛」というテーマを扱っているのだ、ということを忘れてはならない。もし、「介護」の問題を扱ったほうが小説や雑誌がより売れるならば、作り手はそうするに違いない。だから、「右を見ても左を見ても、恋愛を扱った本やドラマばかりだから、やっぱり恋愛が世の中でいちばん大事なんだ」と思うのは、ちょっと早急にすぎる。

自分を落ち着かせ、恋愛の比重を下げてみる。それが無理なら、少なくともそのときの恋愛の状態で、自分の価値や人生の価値を測ろうとする、などという愚かなことはしないようにする。

もちろん、いくらこう言っても人々が恋愛をやめたり、人生におけるその比重をいきなり軽くしてみたりすることはないだろう。ただ、恋愛をして、そこでつまずいたからといって、心身をむしばむほどの「寂しさ」にとりつかれ、持ち前の元気さや明るさを失ったり、ついには取り返しのつかないことになってしまったりする、というのは、何とも悲しいことだ。

少なくとも、頭の中では「恋愛はほどほどに」と考える。恋愛でつまずいても、すぐに「すべては無意味」と思わない。「私は寂しい」と決めつけない。これもまた、幸福のルールと言えるのではないだろうか。

第2章 自慢・自己PRをしない

一九九〇、ミス・ミナコ・サイトウの衝撃

前向き思考法「ポジティブ・シンキング」を提唱して、一九九〇年代前半に若い女性を中心に人気を集め、二〇〇二年に四十四歳の若さで他界した実業家の斎藤澪奈子《みなこ》さん。

彼女の名前を世に広めたのは、九〇年に出版された『ヨーロピアン・ハイライフ』(中央公論新社)という自叙伝だった。その帯に書かれたコピーは当時の人々に衝撃を与え、賛否両論が巻き起こった。そのコピーは、次のようなものだ。

私はミス・ミナコ・サイトウ。ヨーロッパの上流社会ではよく知られた名前です。

自分のことを「上流社会でよく知られた」などと自慢げにアピールする感覚は、九〇年にはおよそ一般的ではなかったのだ。ただ、欧米社会に通じている人たちは、日本式の謙譲の美徳だけでは自己主張の強い欧米人とはわたりあえないとして、「これからは日本人も自分の長所を堂々とアピールできるくらいの強さを持たなければ」とかねがね

言っていた。だから、「私は上流社会で知られています」と宣言する女性が登場したときに、「もしかしてこれこそ新しい時代の国際感覚なのかも」と否定せずに受け入れよう、という動きもあったことは確かだ。

それから、約二十年。

ミス・ミナコ・サイトウ的な自己アピールは、いまやめずらしくも何ともなくなっている。

「まわりの人たちから美容のカリスマと呼ばれています」「私は知的好奇心のかたまりと言えます」「海外を飛び回る私を、人はセレブなジェットセッターと呼びます」

こういった言い方が、人目を引くための本の帯にだけではなく、雑誌のインタビューや個人のブログにも頻繁に登場するようになった。自分を「サクセスした人間」「知的戦略家」と称する人もいる。企業や商品が自分のことを「リーディング・カンパニー」とか「世界中から愛される味」と自画自賛したり、政治家が選挙のときに「日本を救えるのは私しかおりません！」とアピールしたりするのは当然かもしれないが、それが一般の個人レベルでもあたりまえになってきたのはいつ頃なのか。また、それ以前に〝あたりまえ〟とされてきた謙譲の美徳や謙虚さが通用しなくなってきたのは、なぜなのか。

雅子さまの謙虚なもの言いと恥じらい

二〇〇四年より長期療養生活を続ける皇太子妃・雅子さまは、一九九三年の結婚前、いわゆる「座右の銘」として「実るほど頭《こうべ》を垂れる稲穂かな」をあげた。中学時代をすごした田園調布雙葉学園で、「謙虚さが無ければ本当の賢さはない」ということを学んだと恩師に語った、とも伝えられている。考えてみれば、輝かしい学歴やキャリアを持つ雅子さまだが、以前は頻繁に行っていた記者会見の場などでは、謙虚なもの言いや恥じらいの表情が目立っていた。

〈結婚一周年会見にて〉

記者　雅子さまのご自慢の手料理というのは何でしょうか。

皇太子妃殿下　そんなに自慢できるようなものはございません。

〈結婚十周年会見にて〉

（互いへの点数をきかれて）

皇太子　本当にこの十年いろいろとご苦労様でした。よく努力しました。いろいろとありがとうと言いたいです。点数を付けるのは難しいのですが、最初にお話ししたことからもお分かりのように、私は、雅子は、「努力賞」と「感謝状」ならぬ「感謝賞」のダブル受賞ではないかと思います。

皇太子妃殿下　皇太子様にこのように仰《おっしゃ》っていただいて胸に熱く迫ってくるものを感じますと同時に、私としては穴があったら入りたい気分でもございます（皇太子様の仰った「資料によく目を通す」件も、もう既にはるか昔のことになってしまいました……）。

（中略）皇太子様に点数を差し上げることは少々はばかられるような気もいたしますが、もし、満点というものがあるのでしたら、皇太子様は満点以上でいらっしゃることは確かではないでしょうか。

（中略）ところで、私自身は、今日は全ての質問への答えをまとめることが難しく感じられ、試験で落第点をとった夢を見そうな気がしています……。

海外生活が長かったことなどから、自己主張がはっきりしていると思われがちな雅子さまだが、その発言ひとつひとつを検証してみると、むしろこのようにほめられたり評価されたりすると、うろたえたかのようにあわてて否定したり、逆に相手を立てたりする内容が目立つ。それこそ「上流社会では知られた名前です」といった自分の経験や知識、人脈や語学力をひけらかすような発言は、まず見られない。

おそらく雅子さまは、中学時代の教えをずっと守りながらすごしてきたのだろう。また、長いあいだ、多くの人に愛されてきた宮沢賢治の「雨ニモ負ケズ」でも、目立たないこと、吹聴しないことの重要さが説かれている。

ミンナニデクノボートヨバレ
ホメラレモセズ
クニモサレズ

サウイフモノニ
ワタシハナリタイ

雅子さまが「雨ニモ負ケズ」が好きかどうかはわからないが、「頭を垂れる稲穂」という姿勢と「デクノボー」という生き方には、相通じるものがあることは確かだ。おそらく、雅子さまが結婚した九四年前後あたりまでは、こういった控えめで謙虚な生き方や姿勢が高く評価され、誰もが目指すべきものとされていたのであろう。

もう「デクノボー」では生き残れない

しかし、いまの時代、あるいは「デクノボー」として自ら決して自慢をせず、ほめられても「いえいえ、とんでもない……」と笑って否定しながら生きる生き方は、決して主流ではない。それどころか、雅子さまを見ていてもわかるように、「いえいえそんな」と謙虚に生きようとすると、周囲から誤解されたり齟齬《そご》が生じたりすることさえある。

英語ができる、難関の試験に合格した、まわりの人からの人望もある、といった人は、それをそのまま、あるいは何倍にも膨らませて「私はこんなこともできるんです」と語るほうがずっと生きやすい。そんな状況になっているのだ。

この変化はどうして起きたのだろうか。理由はいくつもあるだろうが、「アメリカにならったから」というのもその大きなひとつではないか。

一九八八年に出版された大庭みな子氏の『王女の涙』の主人公・桂子は、結婚してからほとんどの時間をアメリカを中心とした海外で暮らした商社マン夫人なのだが、夫が亡くなってなつかしい日本に戻った彼女がこう思うシーンがある。

桂子はどういうわけか日本人に非常に疲れた。相手が何を考えているかをいつもいつも考えなければならず、それを直接訊きただすことのできないもどかしさがあった。

そして桂子は、中国から来日している男性と話すときに、「日本語を使っているにもかかわらず、アメリカ人と喋っているときと似た、ある種の気安さを感じた」と言ったりする。「帰国するまでは、いろいろなことをなつかしく夢みていた母国」に来たとたん、こうして疲労を感じている自分に、桂子は「自分は外国人になってしまったのかしら」と違和感を抱くこともある。

物語は、そんな桂子がひと部屋を借りた屋敷のもどかしくも妖しい人間関係をめぐって繰り広げられるのだが、おそらくそれは、桂子が長い時間をすごしたアメリカでは起こりえなかったような類のものだろう。はっきりものを言いあわない親子や夫婦、恋人たちの間で起こるあれこれを、桂子は半ばアメリカ人のような半ば日本人のような目で眺めるのだ。

しかしその後、九〇年代の半ばあたりからは、実際にアメリカに長く滞在したわけではない日本人も、みな桂子のように「相手が何を考えているかをいつもいつも考えなければならないこと」にもどかしさを感じるようになったのではないか。それは、たんに思うことをはっきり言わない人に対してだけでなく、自分の能力や業績を隠したり控えめに言ったりしている人に対しても同様である。

また、その頃から学生の就職活動のあり方も変わった。書類選考でも面接でも、必ず

「自己PR」や「自己アピール」と呼ばれるポジティブな自己主張が必須となったのだ。最近では、就職活動中の学生の自己PR文を集め、その優劣を競う「自己PRコンテスト」なるサイトまである。そこには、「私は『滝を登る鯉』です。常に挑戦し、自分を高める姿勢を忘れません」「私は地域密着型ポータルサイトを立ち上げて、市内の主要大学やスポンサー等の関連企業に営業をかけ、最終的に月間二〇万PV（ページビュー）のアクセスと年間六〇〇万円の収益を生むサイトに成長させました」などと、これでもかというほどの自己肯定、自画自賛の言葉が「優秀作品」として並んでいる。「私なんかデクノボーと呼ばれる程度の人間で」と「雨ニモ負ケズ」式の謙虚さで面接に臨む人は、とてもいまの就職活動戦線を勝ち抜いていけないのである。

果てしなき自慢競争の始まり

この傾向に疑問を投げかける人もいる。哲学者の内田樹《たつる》氏もそのひとりだ。内田氏は、二〇〇五年二月二十八日付けの自身のブログでこう言っている。

「自己アピール」ということを就活中のほとんどの学生さんは勘違いしていて、英検が何級であるとか、留学経験があるとか、どこそこにボランティアに行ったとか、武道の段位を持っているとか、日舞ができるとかいう外形的な資格や能力を誇示することだと思っている。

あのね、人事のおじさんたちが、そんなチープな学生の自慢話を聞きたがると思うかね。

そして、面接官が本当に聞きたいアピールとは、「自分がこの社会の中のどのポジションにいるのか、それをできるかぎりわかりやすく記述するということ」なのだ、としている。しかし、実際にはどうなのだろう。面接官の中にも一九五〇年生まれの内田氏に近い考え方の人もいれば、もっと後の〝アメリカ化世代〟に近い人もいる。おそらく、「私のサイトは月間二〇万ＰＶ」と無邪気に記す自己ＰＲを「優秀作品」とするサイトの運営者は、後者のタイプであろう。こういった人が面接官の場合は、実は単純な自慢、吹聴のほうが評価されるのではないだろうか。

とはいえ、単純な自慢がどれもこれも同じような内容では、面接官は退屈する。その中で優劣をつけ、採用者を絞ることもできない。その意味では、「チープな自慢はダメ。もっと本質的なことを語れ」という内田氏のアドバイスは、アメリカ化世代の面接官にも有効だろう。しかし中には、「チープな自慢じゃダメでも、もっと高級な自慢ならいいのではないか」とあくまで「自慢＝アピール」の路線を変えようとしない学生、面接官もいるはずだ。

そこで始まるのが、自慢をめぐる果てしなき競争なのだ。二〇万ＰＶのサイトよりは、五〇万ＰＶのサイト。英検準一級よりは、英検一級と漢字検定準一級。ミスキャンパスコンテスト準優勝よりは、女王……。よりわかりやすく、より目立つ自慢のタネを求めて、多くの学生たちが検定、資格、コンテストに走るのも無理はない。

構造改革の旗振り役的な存在であった経済学者の中谷巌氏は、自らも信奉した新自由主義批判の書である『資本主義はなぜ自壊したのか』（集英社インターナショナル）の中で、そもそもの間違いの始まりとして自分の「アメリカかぶれ」をあげている。中谷氏の言う「アメリカかぶれ」とは、文化やライフスタイルへのあこがれではなく、その熾烈《しれつ》な競争システムへの傾倒である。中谷氏は留学生であった若き日を振り返って、こう言う。

アメリカの大学ははるかに競争的でフェアであった。

一例を挙げれば、ハーバードで博士号を取った人がどれほど優秀であっても、原則としてそのままハーバードで職を得ることはできない。いったんはどこかほかの大学で「武者修行」をし、そこで優れた業績を上げないかぎりハーバードに戻って職を得ることはできなかった。（中略）

このようなアメリカの状況を見るにつけ、やはりハーバードで学んだアメリカ流経済学こそが正しいと、若い私が感じるようになったのは無理もない。アメリカで暮らす私から見る日本は、（中略）アメリカ経済学が何よりも重視する市場原理がぜんぜん機能していない「前近代的社会」に見えたのであった。

おそらく、「これからの就職活動は、思いきり自己ＰＲできる学生が有利」と言って、〝自慢競争〟をけしかけている人も、当時の中谷氏と同じようなことを考えているはずだ。つまり、これまで就職の場で縁故採用や世襲がまかり通ってきた日本は「前近代的社会」であり、学生たちにフェアな機会を与えるためにも、自分をどんどんアピールして競争によって内定を勝ち取る、といったタイプの採用試験が必要だ、と本気で思っているのだ。

悪化の一途をたどる若者と企業の関係

このように見てくると、自分のしていることを過剰なまでにアピールして臆することのない人が増えたのは、日本人の性格が厚かましくなったからというよりも、自由競争社会における自己防衛と言うこともできるのではないか。

しかし、こうして若者たちがどんどん〝自慢競争〟に走り、採用を勝ち取って行く先には、いったい何が待っているのだろう。

三年で辞める若者。社内いじめ。急増する二十代、三十代のうつ病と長期休職。過労自殺と労災申請の増加などなど、若者と仕事や企業との関係は、かなり悪化していると言わざるをえない。

また、〝自慢競争〟に勝ち残ることができず、望んだ会社に就職できなかった人や派遣労働やアルバイトなど非正規雇用に甘んじなければならなかった人たちは、もっと悲惨な境遇に陥っていることは言うまでもない。

「アメリカかぶれ」の結果、自由な競争と自己責任こそが日本が「前近代社会」を抜け出す最良の道、と確信した中谷氏は、その路線を迷うことなく進めてきた。そして、いまになって「経済活動を自由競争に委ねているだけでは格差拡大が進むなど、社会の安定性が損なわれ、結果的に豊かな社会は作れない」と気づいた、と率直に述べる。さらに、自らもその一端を担っていた小泉改革については、こう手厳しく批判する。

小泉改革を経て、日本社会は他人のことに思いを馳せる余裕がなくなり、自分のことしか考えないメンタリティが強くなったのではないか。地域はいっそう疲弊し、所得格差は拡大した。医療改革によって老人たちの心は穏やかさを失った。異常犯罪が増え、日本の社会から「安心・安全」が失われた。

自己PRに疲れてしまった若者たち

ところが、中谷氏のように経済学をきわめた人にこう指摘されるまでもなく、〝自慢競争〟を勝ち抜いた若い社員たちも実は同じことに気づいている、という調査結果がある。まだ世界的な経済危機が明るみに出ていなかった二〇〇七年春に行われた社会経済生産性本部の入社後半年の新入社員に対するアンケートで、こんな結果が明らかになった。

処遇に関して、業績・能力主義的な給与体系を希望する回答が調査開始以来はじめて6割を切る結果となった。また、業績・能力主義的な昇格を希望する回答についても過去最低を更新した。

転職・勤続に関して、「条件の良い会社があれば、さっさと移るほうが得だ」とする回答が3年連続で減少し、過去最低（34・1％）となった。また、「今の会社に一生勤めたい」とする回答が4年連続で上昇し、過去最高（34・6％）となった。

キャリアプランに関して、「起業して独立したい」とする回答が減少し、過去最低（20・3％）となった。

おそらく彼らは、熾烈な自己アピール競争でなんとか入社はしてみたものの、これがこの先ずっと続くのは耐えられない、転職や起業などのキャリアアップもせずにすむならそれでよい、と考えているのだ。

ブログやホームページなど自己PRの機会が格段に増大しつつあるいま、相変わらず控えめであることや謙虚さよりも、自己主張、自慢にもつながるアピールが〃新しい時代の正しい姿勢〃として評価される傾向は変わらない。

しかし、そういった〃自慢競争〃の結果、何が待っているのか、については、このあたりでもう一度、考えてみる必要がある。

「いえいえ、私などお恥ずかしいかぎりですよ」「ほめられると、顔から火が出そうです」。こんな常套句《じょうとうく》が頻繁に使われるような日が再び来るとは思えないが、「私が私が」と自己主張するだけではなく、たまには「あなたのほうこそ」と相手を立てあうようなことくらい、あってもよいのではないだろうか。また、自己PRになれていない人までが、トレーニングを積んでまで「私はすごいんです！」「セレブです！」と無理して自分を大きく見せる必要はない。

「私が私が」で人も企業も病んでいく

私は近年、企業などで働く人のメンタルヘルスの問題に興味を持ち、企業に選任されて活動する産業医の研修会、研究会などに顔を出すようにしている。そこで、ある大企業で月に二回、働く人や管理職の相談に応じているという産業医が、そっと教えてくれた。

「私の行っている企業は二〇〇〇年以降、成果主義を取り入れるのと同時に、国際競争に勝てるように、とすべての会議を英語にしたんですよ。会議では、自分の企画がいかにすぐれているかをアピールしたり自らの人脈をスライドで誇らしげに見せたりする人が続出して、さながら映画に出てくるアメリカの大企業みたいな雰囲気になったそうです。

ところがね、その〝アメリカ化〟から二年くらいたってから、私の仕事が激増してきたんですよ。つまり、うつ病などで休職する人が相次いだんです。会社全体としても、威勢のよい人、鼻持ちならない人が増えた割には、業績も上がらなくなったって……。結局、英語の会議はやめ、成果主義そのものに対しても見直しが行われてるんだよね。それにそもそも、自分をアピールしようにもこの不況でみんな成績が下がり、自慢どころじゃなくなったんだけど」

つまり、「私はすごい」「実はセレブなんです」と半ば強制的に自分を誇大広告的にまわりに見せるような仕組みを取り入れたところ、みんな疲弊し部局の協調性もなくなり、個人のレベルでも企業全体としても、マイナスの効果しか得られなかった、ということだ。

〇九年六月に発表された企業で働くいわゆる産業カウンセラーへの調査結果でも、実に七〇・六％のカウンセラーが「メンタルヘルス不調者が増加した」と回答。また、「モチベーションの低下」についても六六・九％が、「職場の人間関係や雰囲気の悪化」は約半数が指摘している。

おそらくこれらの企業でも、「大切なのは競争力だ！」と他企業間でもあるいは企業内でも競争をすることが奨励され、「蹴落とすか、蹴落とされるか」の雰囲気が蔓延《まんえん》しているに違いない。しかし、そうやってポジティブ思考で自分を盛り上げ、競争のフィールドに勇んで出て行った結果がこうなのだ。

誰もが「私ってすごい」と自分に暗示をかけ、「絶対にナンバーワンに」と我先に打って出るのは、「人の道に外れている」など道徳的に正しくないばかりではない。どうやら、経済的、経営的な観点から見ても、これが企業や社会を成長させるものではないらしい、ということがわかりつつある。「情けは人のためならず」。こんな言い古されたことわざの意味と重みを、もう一度考えるときが来たのではないだろうか。

第3章 すぐに白黒つけない

「タトゥーを消したがる女たち」への手厳しいコメント

二〇〇八年十月、ネットニュース「ゲンダイネット」に「タトゥーを消したがる女たち」と題された記事が掲載された。一部を紹介しよう。

――。

若気のいたりで腕や胸にタトゥー（刺青）を入れ、後悔して除去手術を受けるこんな人が増えている。一説ではタトゥーを入れた人の10人に1人が消したがっているとか。

「銀座みゆき通り美容外科」にもそうした相談が寄せられ、多い日は3、4人が来院する。男女比は4対6。年齢層は10～50代と広いが、やはり多いのは20代だ。

院長の水谷和則氏が言う。

「就職するので消したいという人や、恋人の名前を彫っていたけど相手と別れたので消したいという人のほか、結婚するから元の体に戻したいという女性もいます。

背中全体に入れた人より、軽い気持ちでワンポイントの絵柄を入れた人のほうが後悔しているようです」

治療法にはレーザー治療と切除術があるが、場合によっては年単位の時間を要することもあり、費用も三万円ほどから大きさによっては数十万円かかることもある。入れるときは一瞬の決断、短時間の施術ですむタトゥーでも、除去するとなると簡単ではないことがわかる。

ネットでは、この記事に対して「消すくらいなら最初から入れんなよ」「先のこと考える頭無いからこうなる」など、手厳しいコメントが寄せられていた。

しかし、こういったコメントを書き込んでいる人の多くが十代から三十代の若年層だったとすれば、やや不思議な印象も受ける。なぜなら、衝動的に行動する若者に対して「自分や自分の心を大切にして行動しなさい」「とくにからだは一生、使うものなのだから慎重に考えて」と戒める言い方は昔からあるものであり、かつてはこういった忠告をする大人側が批判や嘲笑の対象になっていたはずだからだ。

若者を支配した「一瞬に永遠を見る」感覚

若者が、タトゥーを消したがっている別の若者に「先のことを考えないからだ」と冷ややかな視線を送るいまから三十年近くも前の一九八一年、ひとりの作家がデビューした。

その女性の名は斎藤綾子、自らの奔放な性の遍歴をベースに書かれたという短編集のタイトルは、『愛より速く』（九八年より新潮文庫）。主人公の女子大生は、お互いを知り愛を育てる時間も惜しんで出会った男性、女性と性体験を持ち、一瞬の快楽に身をまかせる。文庫の紹介にはこうある。「快感は一瞬だった。それでも、私の肉体は、深い陶酔に永遠を感じていた」。

もちろんこれが当時のスタンダードな感覚であったわけではないが、賞賛の声とともに斎藤は時代を代表する女性作家となり、「一瞬に永遠を見る」というのはその後、長いあいだ、若者にとっての基本的な信条になったのではないかと思われる。援助交際、タトゥーやボディピアッシング、美容整形など、従来の倫理に反する行動に走り、元に戻すことのできない身体改造を加える若者たちは、「大切なのはいま」「先のことなんて考えられない」と常套句のように口にした。

八一年に斎藤綾子が語ったときは、性に奔放な特殊な女子大生のものであった「一瞬が永遠」という感覚は、それから十五年後の九六年に村上龍が『ラブ&ポップ――トパーズ』を上梓したときには、すっかり〝ごくあたりまえのもの〟になっていた。この作品に登場する女子高生・裕美はごくふつうの少女であるが、常に「『いま』しかない、『いつか』はこないのだ」という気分に追い立てられているのだ。そして、ショーウインドーでインペリアル・トパーズを見た瞬間、「やりたいことや欲しいものは、そう思ったそのときに始めたり、手に入れようとしないと必ずいつの間にか自分から消えてなくなる」と強い衝動にかられ、援助交際を始める。

魂は本当に傷つくのか

「いまさえよければどうでもいい」といった刹那《せつな》主義とも微妙に違う、「とにかくいまが永遠なのだ」という瞬間主義ともいえる感覚にとりつかれている若者たちに、大人たちは脅威を感じたり、あるいは「これこそ新しい感性だ」と賞賛したりした。もちろん中にはそれを誤りとして正そうとする人もいたが、「なぜ〝瞬間こそ永遠〟と考えて行動してはいけないのか」と説得力のある説明をするのはむずかしかった。

たとえば、臨床心理学者・河合隼雄氏は、「魂の傷」という言い方で説明を試みている。

売春は、魂が傷つくから、アカンのや。とくに援助交際は、まだ魂が未熟な女の子たちが行うので、なおさら魂が傷つきやすいので、もっとアカン。

（『密教の可能性』大法輪閣）

そして、「私のからだなんだから好きに使っていいはず」と自己決定権を行使しようとする少女たちも、「魂の奥底では、いけないことと知っている」とも言っている。

心理療法家は説得しようとせず、ひたすら話を聞くことに徹します。すると、「本当は、援交なんか嫌なんだ」と、もらす子もいる。滅多にありませんが、話し手と聞き手の魂が、共振する瞬間です。相手を説き伏せようとするのでなく、相手の言葉をさえぎらずに耳を傾ける努力が、現代人には必要なのかもしれませんね。そのためにはまず、自分の魂の声を聞くこと。そうすれば、自分が真に欲していることが分かり、他人の魂にも共振しやすくなります。

（二〇〇〇年、毎日新聞のインタビューより）

これを読んだ当時は、私自身、人間の無意識を含む心を相手にする精神科医をしていたにもかかわらず、「援助交際を止めようとする気持ちはわかるが、魂の声なんて聞いたことはないな……」とやや白けた気持ちにもなったものだ。おそらく、目の前の快楽、欲望にとりつかれ、「私の意思だ」と大胆な行動に踏み切ろうとしている若者たちも、「あなたの魂は本当はそれがいけないことだと知っている」などと言われて、当時は「オジサン、何言ってるの？」とほとんど本気にしなかったのではないだろうか。

疲れて傷ついてこの世を去った友人

ただ、個人的には私は、その後、別のできごとを通して、この河合氏の発言についてもある程度、納得せざるをえなくなる。

そのできごととは何なのか、あるいはそれと河合氏の発言がどう関係するのか、を詳しく説明するのはやめて、作家のよしもとばななさんがウェブで公開している日記を引用させてもらおう。

夜は、亡くなった菜摘ひかるさんの本を読み、しんみりとする。

「文藝」を見て亡くなったことを知った。くわしいことはわからないのでなんとも言えないが、ああいう仕事をしていた人の文章を読んで思うことは、いつでも似ている。それは、不特定多数の男の人に体を売る仕事を長く続けると、精神のどこかがどうしようもなく疲れて、傷ついてしまって、そのダメージは自分が思っているよりもずっと大きくなっている場合が多い、ということだ。そして何かのタイミングをつかみそこなうと、ダムが決壊するみたいに、命を落としてしまったりする。

（中略）

昔、吉原の近くでバイトしていたときも、そう感じた。単なる水商売の人と、風俗の人の間には、微妙な違いがある。気配の違いとしか言いようがないけど、見るとわかってしまう違いだった。「もしかしてこの人たち、精神的にすごく疲れているのかも」と思うくらいに、現実感がなくて透けているような感じの人が多かった。笑顔を絶やさず、どこまでも受け止める感じだけれど、一回ぷつんと怒ったら人を殺しそうな感じだった。

よほど「これが天職！」という人以外は、なるべく目標金額を決めて、短くやってほしい。

いずれにしても、貴重な文章をたくさん読ませてくれて、ありがとうと思った。

（二〇〇三年一月九日の日記より）

私は、性風俗業を経て作家になり、そして二〇〇二年晩秋に急逝したこの菜摘ひかるさんの親しい友人であったのだ。菜摘さんは自殺だ、とネットの一部では噂になっていたが、決してそうではない。ただ、風俗業時代と作家業をかけもちしていたときから、菜摘さんは肉体的にも精神的にもひどく疲れていて、それは風俗業をやめて執筆に専念するようになってからもなかなか取れることはなかった。かねてから夢見ていた通り作家として着々と実績を重ね、大手出版社からもオファーが次々と舞い込むような状態になっても、彼女の笑顔はどこか力なく、「なかなか眠れない」「食欲がわかなくて」とため息をつくこともしばしばであった。

この心身の底にこびりついたような疲れは、いったい何なのか。よしもとさんの言葉を借りれば、それは「精神のどこかがどうしようもなく疲れて、傷ついてしまって、そのダメージは自分が思っているよりもずっと大きくなっている」ということなのだろうが、それをひとことで表現するなら、「魂が傷つく」と言うしかないのではないか。私はそう思ったのだ。

イラク人質バッシングで流れの変化が明らかに

ところが、私が個人的な経験からそんなことを考えているあいだ、いつの間にか社会の空気が変わったようだ。

二〇〇二年に始まったイラク戦争から二年がたった〇四年、イラクに入国していた三人の若者がイラク武装勢力に拘束される、という事件が起きた。彼らはボランティアや取材の目的でイラクに入国したのだが、武装勢力はこの三人を人質にして自衛隊を含む外国の軍隊の引き上げを要求した。

幸いにもその後、三人は無事に解放されたが、世間の目は冷ややかであった。とくに当時の官房長官であった福田康夫氏は、解放後に開催された参院本会議で「本人たちの配慮が足りなかったことは否定できない。自己責任とは自分の行動が社会や周囲の人にどのような影響があるかをおもんぱかることで、NGOや戦争報道の役割、意義という議論以前の常識にあたることだ」「多くの人に迷惑をかけるのに、十分な注意も払わずに自分の主義や信念を通そうとする人に、それを勧めたり称賛すべきだろうか」と若者の行動を厳しくとがめるような発言をした。海外のメディアは政府が自国の人質を非難するような姿勢に疑問を呈したが、国内の、とくに人質と同世代の若者たちの中では、この福田発言をおおむね肯定的に受け取る動きが見られた。

三人はその後、長くバッシングの対象となり、自宅が特定されて誹謗《ひぼう》中傷の手紙や電話、ファックスが送られたりしたことから、PTSDの状態となって一時は精神科のケアを受けた人もいたという。これを基に、〇五年には『バッシング』（小林政広監督）という映画も作られた。

このように、二〇〇〇年頃までは「その瞬間にやりたいことをやる」という若者の姿勢は、むしろ評価、肯定されていたはずなのに、その後の数年のあいだに、一転して当の若者の中でさえ、それを批判したり非難したりする動きが見られるようになったのである。「やりたいからやっている」「先のことなんてわからない。いまがあるだけ」といった発言やそれに基づく行動も、賞賛ではなくて侮蔑の対象となった。

人間の狭量化を加速させた同時多発テロと小泉改革

「自分のやったことに対して責任をとれ」というのは、いわゆる「大人の発言」だ。だからといって、イラクの人質や、タトゥーを消したがる女性に厳しいコメントを寄せる最近の若者が、十年前の若者に比べて人間的に成熟しているとも私には思えない。

ではいったいこの十年のあいだに何が起きたのか。やはり大きく社会の流れを変えたのは、世界的には二〇〇一年九月の同時多発テロであり、日本国内では同年四月の小泉純一郎首相時代の始まりであろう。

この二つの問題が日本社会にどういう影響を与えたかについては、これまでさんざん論じ尽くされた感もあるのでここでは繰り返さないが、あえてひとことで言うとすれば、「人間の狭量化が進んだ」となるのではないか。いつ自分がテロの犠牲者になるかわからない。少しでも自分と違う人は排除しておくに越したことはない。また、競争社会になる中で、ちょっとでも弱い人や自分と違う人のために立ち止まっていては、自分が蹴落とされて〝負け組〟になってしまう可能性がある。だから、なるべく他者のことなど考えずに自分の安心、安全、進歩や成長のことだけ考えて生きるしかない……。〇一年以降、とくに日本では、多くの人が自分の価値観をこう変えざるをえなかったのではないか。これは「そうしなければ生き残れないから」という消極的な選択なのであるが、当時の小泉首相の勢いに乗ることで、私たちは自分が前向きな選択をしているかのような錯覚に陥ることができたのである。

いまやりたいことをやった結果、イラクで命の危機に瀕することになった若者にも、瞬間に永遠を感じてタトゥーを彫った結果、後になって消したいと考えるに至った女性にも、世間は「自己責任でやったのだから、いまさら泣きごとを言うな」とシビアな目を向ける。しかし、彼ら自身が刹那主義を脱してより長い目で自分や社会を見られるようになったのかというと、それは違う。逆に、彼らは寛容さを失い、さらに狭い視野でしかものごとをとらえられなくなっているからこそ、自分とは少しでも違う行動をする人たちの心を想像し、理解することができなくなっているのではないか。

目の前の相手が異物かどうか、白か黒かを瞬間的に判断しなければ、自分自身が危険にさらされたり、競争に負けたりするかもしれない、という危機感が、彼らに一見、〝長い目〟でものごとを見ているかのような態度を取らせているだけなのである。

だから、いまどきの反・瞬間主義は、決してかつて河合隼雄が唱えたような「魂が傷つくから軽率な行動はいけない」といった精神主義とも異なる。これまた二〇〇〇年代になって人気となったいわゆるスピリチュアルカウンセラーの中には、「魂の格が下がることは慎みなさい」とかつて河合氏が言っていたのと同じようなメッセージを発する人もいるが、それはあくまでいまの人生をよく生きるため、という現世利益《りやく》に基づいてのことが多い。河合氏に「どうして魂に傷がついてはいけないのですか？」と尋ねたら、おそらく「それはあなた自身がすでに知っている通りや」といった答えが返ってきたと思うが、現代の霊能カウンセラーたちは「そうすると良い出会いや金運が逃げていくからです」とでも答えるのではないだろうか。

敗者を断罪してかりそめの安堵を得る人たち

そう考えると、瞬間主義はますます進んでおり、しかも一瞬の勝ち負けのみを問題にする人が増えているという意味では、次第にそれは〝悪しき瞬間主義〟の様相を呈しつつあるようにも思われる。ある瞬間で時間を凍結し、人々に「あいつも負け」「こっちは危険」と〝負けシール〟を貼っていく。そんなゲームが活発になっている印象だ。「タトゥーを取りたい？　後先考えずにそんなバカなことをするからだよ」と嘲笑する人たちも、その時点で「その人たちは愚かな敗北者」と決めつけ、同時に「私は違うから勝ち残り組」と認識することで、かりそめの安堵感を覚えているだけなのかもしれない。

「愛より速く」どころか「考えるより速く」、優劣や勝ち負け、危険とそうでないものを決めることでしか、自分を守り安心させることができない、というゲームを繰り返すと、その先には何が起きるのか。おそらくある人は、ゲームに疲弊し、その時点で倒れてうつ病などの心の病に陥るだろう。また、ついに自分が「負け」というシールを貼られる日がやって来て、生きる希望を根こそぎ奪われてしまうこともあると思う。さらには、その時点で自暴自棄となり、「どうせダメなら」と他者を巻き添えにした反社会的な行動に走る人が出てきても不思議ではない。

好き、きらいといった感情なら瞬間的に決めることができるかもしれないが、それも時間の経過の中では変わることがある。ましてや、「良い、悪い」という善悪や「勝ち、負け」は、判断するのに時間がかかる。そのときの評価が後になってまったく逆になることもあるのは、人類の長い歴史を振り返っても明らかだ。

直感が大切だが、あまりにはっきりと評価が決められることについては、むしろ「これは後になって変わるかも」と疑ったほうが本当はよいはずなのだ。そもそも人間のやることは、白か黒かはっきりしない、絶対的な正解はないもののほうが多いと考えるのがよいのではないだろうか。

その意味では、絶対に一生、後悔することはない、と言い張ってタトゥーを入れるのも正しくないが、「やっぱり入れなければよかったかも」とタトゥーを消そうとしている人を「愚かだ。私は絶対にそんなことをしようとは思わない」と非難するのは、正しい姿勢とは言い切れない。どんなときでも一〇〇パーセント、正しい適切な判断ができる人はいない。

「まあ、いまのところはそう思っているのだけれど、もうちょっと様子を見てみないと何とも言えないね」といったあいまいさを認めるゆとりが、社会にも人々にも必要なのではないだろうか。そしてこの「あいまいなまま様子を見る」という姿勢はまた、自分と違う考え方、生き方をしている人を排除せずに受け入れるゆとりにも、どこかでつながるものだと思われる。

第4章
老・病・死で落ち込まない

「F1は大きな購買力を持つ」という神話

テレビやラジオ関係の仕事をしている人と話していると、よく「ウチはF1が弱くて」といったフレーズが出てくる。「F1」という言葉はいまでは一般の人たちにも知られているのかもしれないが、視聴率調査会社が用いる集計区分のうち、二十歳から三十四歳の女性を「F1層」と呼ぶのだという。

この世代の女性は最も商品購買力があるとされるので、スポンサー企業は制作サイドに「F1に見てもらえる番組を作れ」と要求する。彼女たちにその番組がウケるということは当然、CMも見てもらえるということなので、結果的に商品が売れる。スポンサー企業にとってみれば、「七十代以上の九割が見るオバケ番組」などあまり魅力的ではないのである。

だから、多くのF1層がテレビを見る夜の時間帯には、その世代の女性が好むタレントやお笑い芸人が多く起用される。報道番組や文学的なドラマではなくて、いわゆるトレンディドラマやヒットソングのショー、クイズ番組などがメインになってしまうのも、ひとえにスポンサーの「二十代女性に見てもらえる番組を」という意向ゆえだ。

実は、ここで見逃されている大きな問題がある。まずは、本当にF1層の購買力がそんなに高いのか、ということだ。たしかにその世代の女性はファッションやグルメなど自分のためにお金を使うし、主婦である場合は家計を預かり、家電、自動車、マイホームなど大きな買い物をする場合でも決定権を持つことが多いだろう。

しかし、最近になってマーケティングの専門家たちのあいだから、F1の購買力を疑問視する声が出てきている。

電通とリクルートが設立したマーケティング会社Media Shakersが運営する「M1・F1総研」は二〇〇八年八月、「若者がモノを買わない要因の考察と消費を促す方法論」と題されたレポートを発表した。それによると男性、女性とも二十歳から三十四歳までの購買力には「格差」があり、とくに「将来に対する不安」「低い上昇志向」「固定化された人間関係」「漠然とした結婚意識」「インターネット利用時間が長い」という特性は、消費力の低下につながっているという。インターネット利用時間が長いほど消費力が低い、というのは興味深い。「情報が多すぎて何を買ってよいかわからなくなるから」なのだそうだ。

この調査では、M1やF1のうちどれくらいがこの「消費力が低い層」に属するのかは明らかにされていないが、これは経済危機以前の調査であるので、それ以降、ますます彼らの消費力は低下しているのではないかと考えられる。

また、「F1だからドラマやお笑いが好き」という固定観念も正しくないかもしれない。とくに最近は、若い女性に人気の俳優を主役に起用しても視聴率を上げられないドラマが増えているとも聞く。「OLのためのフリーペーパー」をうたっているサンケイリビング新聞社の『シティリビング』が〇七年十月に行った調査では、「よく見るテレビのジャンル」でドラマやバラエティを抑えて「ニュース」が堂々の一位になっている。また「気に入った番組」の中にも、世界遺産を扱った番組や情報番組がランクインしている。この年代の女性だから面白おかしいものやかっこいい俳優が出ているものであればよいだろう、という考え方は通用しないのだ。


私はもうテレビからもお呼びでないの?

このように、そもそもF1層が高い購買力を持つかどうかもはっきりしなくなってきており、さらにそのF1層をターゲットとした番組作りのあり方も以前とは変わりつつある。しかし、それにもかかわらず、スポンサーもテレビやラジオの制作者も新しいターゲットを絞ることができず、購買力のある層に訴求力を持つ新しい番組作りの方法も見つけることができずにいる。その上、不況の波は放送業界にも押し寄せ、制作費も人員もどんどん削減されつつある。

その結果として、新しい工夫や冒険をする余裕も策もないまま、これまでF1層で当たった番組をより中身を薄くしながら反復して提供していくしかない、ということになるのだ。だからどのチャンネルを見ても、ごく一部の若い人たち以外にはとても受け入れられないような浅薄なお笑いやいわゆる〝おバカキャラ〟の登場するバラエティ、目まぐるしく変わるヒットチャートだけを追った音楽番組などが並ぶことになる。

しかし、こういったカラクリを知らされていなければ、ミドルからシニア層の人たちは、テレビを見ながら「これについて行けないのは、私が時代から取り残されたからだ」と思うのではないだろうか。あるいはテレビの世界についてある程度の知識があり、スポンサーは購買力のある層をターゲットにした番組作りを要求していることを知っている人は、自分がまったく理解できない番組を見ながらこう思うだろう。「年を取った私は、もう購買力がない層と見なされ、消費の世界からも見捨てられているのだ」

実は、テレビを最も長く視聴しているのは、仕事を退職し、子育てを終えて家にいるシニア層だと思われるが、いまのテレビ番組は、その彼らが社会からの疎外感を強く味わうように作られている、と言ってもよい。番組を見てもCMを見ても、「おまえはもう関係ない」と言われているように感じる人もいるはずだ。気持ちのやさしい人ほど、年齢を重ねてテレビからも「お呼びでない」と言われるようになった自分や自分の年齢を恥じ、申し訳なく思っているかもしれない。

制作側のお金と知恵のなさの結果でしかない「低俗・低予算の若者向け番組の反復」が、高齢の人たちを追い詰め、落ち込ませている可能性があるのだ。これはただの誤解だとしても、由々しき問題である。

同じようなことが、医療の世界でも起きている。小泉政権時代に方針が決まった医療制度構造改革が、慢性疾患のリハビリ打ち切り、入院期間の短縮など、とくに病気の高齢者にさまざまな不便や不都合を与えていることが、当事者や周辺の人たちにより繰り返し訴えられている。中でもとくに、七十五歳以上が全員加入することを義務づけられた後期高齢者医療制度（後に「長寿医療制度」と改称）は、高齢者から医療を受ける機会を奪い、質を低下させるものとして「高齢者の尊厳を踏みにじるような制度」と言われ、大きな問題となった。

私が精神科医として勤務する診察室にも、これまでとは違ったタイプの介護疲れのストレスから受診するケースが増えている。新しい制度では、七十五歳以上で入院している人はその治療内容にかかわらず「患者ひとりにつきひとりの主治医での包括制（定額制）」となり、それも入院期間の長さによってどんどん減額される仕組みになっている。高齢者に手厚い治療を行ったり一定期間以上、入院を継続したりすると、病院はあっという間に赤字に陥ってしまう仕組みになっているのだ。だから、病院は家族に対して「早く退院して自宅に戻るか、ほかの病院に移るかしてほしい」と要求する。家族は、介護そのものがたいへんというより、病院との「早く出て」「出られない」といったやり取りや次の病院探しですっかり疲れ、ストレスから調子を崩してしまうのだ。

そしてもちろん、いちばんつらいのは、その板ばさみになっている病気の高齢者たちである。樋口恵子氏や宇沢弘文氏の呼びかけで結成された「後期高齢者医療制度に怒ってる会」のポスターには、「『長生きでごめんなさい』と母が言う　こんな日本に誰がしたのか」とある。

老いは良いものでも悪いものでもない

しかしこれもテレビの場合と同じく、「高齢者は不必要な厄介者だ」という価値観が先にあって、それに基づいて作られた制度ではないだろう。先にあったのは膨れ上がる医療費の問題であり、それを何とか抑制しようとしたところ、結果的に高齢者が「長生きでごめんなさい」と高齢であることをわびなければならないような事態を招いてしまったのである。もちろん、テレビでも医療でも、仕掛けている側の心の奥に高齢者をさげすむような考え方がないとは言い切れないが、彼らには、意図的に高齢者を排除するための番組や制度を作ろう、と考えるほどの計画性などないと思われる。あくまで場当たり的な対応が、期せずしてこういう結果を生んだと考えたほうがよいだろう。

だとすれば、そんな〝浅知恵〟の結果を深読みして、「ああ、年を取るのはそれだけで悪なのだ」「高齢者は社会の厄介者だと社会が声をあわせて言っているのではないか」などと考える必要もない、ということになる。

テレビに若い人しか出てこないのは、制作者が相変わらず「若い人が出ればモノが売れる」と錯覚しているからだ。パソコンの設定がわからなくなってサポートデスクに電話をすると早口で「あなたのパソコンのファイアウォールはフルインスペクションパケットフィルタリング式ですか？」と言われてますますわからなくなるのは、自分が時代遅れだからではなくて、説明をする人が「自分以外の人」のことを想像する力をいっさい持たないからなのだ。もちろん、健康を害して入院していると家族が「早く退院して」と言われて困っているのは、自分の老いや病気のせいではなく、目先の医療費だけを抑制しようとして作られた制度に問題がある。

生物としての自然のプロセスである老いじたいは、「良い」とか「悪い」とかいった価値判断の外部に位置するものであるはずだ。だから、それを「防ぐべきこと、避けるべきこと」として問題視したり、若さと比べてその価値を低く見ようとしたりする見方のすべては、本質的に間違っている。だから本来であれば、若いことをそれだけで高齢であることに比べて尊重しようとする動きこそを私たちは注意して監視し、排除していかなければならないはずなのだ。

逆に、老いはそれじたい、美化されるものでもないし、経験が長いことがそれだけで若さよりすぐれたものとして扱われるべきものでもない、ということも忘れないようにしたい。経験の少ない若い人には誰かがトレーニングの機会を与えなければならないのに、権力の座にしがみついて後進に地位を譲ろうとしない高齢者もいる。おそらくそういう人は、老いて頑固になっているのではなくて、むしろ心が若すぎることに問題があるのだろう。妙に心が若いままだからこそ、「権力を失うのは敗北、自分の価値も低下する」といった考えにとらわれているのだ。

大切なのは、身体的にもそして精神的にも、年齢相応の成熟や老化をきちんと果たすことなのではないか。

死は必ずしも恐怖ではない

だとすれば、その先には「死」がやって来ることも、これまた自然のプロセスだと言える。「死」はそれだけで「恐怖」とイコールのように言われているが、NHKで医療番組のプロデューサーを長く務める坂井かをり氏の『がん緩和ケア最前線』（岩波新書、二〇〇八）には、意外な調査結果が紹介されている。引用させてもらおう。

財団法人日本ホスピス・緩和ケア研究振興財団が二〇〇六年に全国の二〇歳から八九歳までの患者一〇七八人を対象に行った「終末期医療に関する意識調査」によれば、医師に「死期が近い」と知らされたときに、心配だったり不安だったりするのは、「病気が悪化するにつれて、痛みや苦しみがあるのではないか」ということであると答えた人がもっとも多く、六六・七%にのぼっていました。ついで、「家族・友人との別れ」四五・三%、「残された家族が精神的に立ち直れるか」四三・八%（中略）となっており、死そのものが与える不安や心配ごと以上に、これから先にある苦痛や苦しみへの不安が大きいという結果が数字に表れていました。

実際にがんなどで身体の健康に問題が生じると、「死」そのものよりも具体的で現実的な苦痛のほうが恐れの対象として浮かび上がってくる。つまり、その痛みを取り除くことができれば、恐れや不安もかなり解消されるのではないか、ということだ。

いや、そうではなくて、目の前の痛みがなくなれば、また「死」そのものの恐怖がクローズアップされるだろう、と考える人もいるかもしれないが、本書では、終末期と考えられていたがんの患者さんたちが、緩和ケア病棟で痛みのコントロールをしてもらったところ、落ち着きや希望を取り戻して、中には自宅に再び戻って有意義な時間をすごせるようになった人もいる、といった実例が多数、取り上げられている。

独自の医療観を確立させて西洋医学と東洋医学を併用した治療を行っている帯津三敬病院の帯津良一名誉院長は、その著書『達者でポックリ。』（東洋経済新聞社）で、「死ぬまで元気で楽しく生きる」ことのすすめを説いている。これは何も病気になったり老いたりしてはいけない、ということではない。たとえ入院して病室のベッドですごすことになっても、死後の世界をおおいに想像してワクワクした気持ちでいれば、それでも「死ぬまで元気で楽しく」ということになるようなのだ。

もちろん、実際に老いが進み、からだのあちこちに問題が出てくれば、いくら心を前向きにしても「元気で楽しく」とはならないかもしれないが、それはそれでまた自然の姿だ。そのときはおおいに弱音を吐き、まわりの人に当たり散らし、取り乱してもよいのではないだろうか。大切なのは、高齢者自身もまわりの人や社会も、「年を取ったら、迷惑をかけてはいけない」と考えて、対策を講じたり恥じたり戒めたりしないことだ。

老いるとき死ぬときぐらい、人に迷惑をかけても……

「誰にも迷惑をかけずに、世を去りたい」という思いが強いのは、高齢者だけではない。最近、〝おひとりさま〟と呼ばれるシングル女性の中にも、四十代前後から「自分の終《しゅう》焉《えん》をどのように迎えるか」という問題に真剣に取り組み、その準備のためにお金と時間とエネルギーを使い続ける人が増えている。

二〇〇九年五月三十日、中野サンプラザで「『これでおひとりさま大丈夫！』フォーラム」というイベントが開催された。

パネラーは、遺品整理業「キーパーズ」社長の吉田太一氏。家族葬をプロデュースする「エンディングプラン」の平本百合子代表。無用の延命を拒否する「リヴィング・ウィル」運動を進める日本尊厳死協会の松根敦子氏。そして、死後事務手続き委任契約を請け負う弁護士の小笠原耕司氏。

シングル生活を送っていても、病気で末期を迎えたら尊厳死を選び、ひっそりと家族葬で送られて小さな納骨堂に入るか、散骨されるか。そして死後の部屋の片付けは遺品整理屋に依頼し、必要な事務手続きは専門の弁護士に……。

あくまで人に迷惑をかけることなく、自分で自分の後始末をする。そのために、まだ健康なうちからお金を蓄え、情報を集め勉強をして、しかるべき専門家にあれこれと依頼しておこう、という女性が昨今、増えているのだ。このフォーラムも五月が二回目なのだが、一回目を上回る二〇〇人が集まったと聞いた。

パネラーの中には、「一度、自分の終焉としっかり向かいあっておけば、あとは余計な悩みから解放されて安心して人生を謳歌できる」と言う人もいる。たしかにその通りだと納得する一方で、「ここまで死の前後のことをしっかり用意しておかなければならないものだろうか。ちょっとくらい誰かの手を煩わせ、〝あの人ったら、こんなだらしない面もあったとは〟とあきれられるようなことがあってもいいのではないか、とも思う。「どうしてもきれいに世を去らなくては」と情報を集め、手続きをする〝おひとりさま〟たちも、ある意味で「生・老・病・死」を自分でコントロールしなくては、と思い詰める人たちと言えるのではないだろうか。

人は、生まれれば必ず年を重ね、若さを失って老いを迎え、少しずつあるいは急速に衰えて死を迎える。それじたいのいったいどこに、悪い点やマイナス点があるというのか。そして、老いを迎えた人たちが、若い人に多少の手間を取らせたり迷惑をかけたりするのも、当然のことなのではないだろうか。遊びや仕事に忙しい生活を送る人が生産や消費をすることこそが善、と考える社会が、「老いは悪」という価値観を形成し、高齢者を追い詰めるような仕組みや制度を作っていく。

しかしそれこそが、「究極の恐怖は死」という人工的な感覚を生み、若い人をも含めて世の中の雰囲気を次第に暗くする元凶になっていることに、私たちは早く気づくべきだ。本当は私たちは、「死は怖い」と死そのものを蓋然《がいぜん》的にとらえて恐れることができるほどのすぐれた感覚を、持っていないはずなのである。

第5章 すぐに水に流さない

いやな記憶を水に流せない

「水に流す」という日本語独特の慣用句がある。言うまでもないが、「過ぎ去ったことをとがめず、こだわらない」という意味だ。日常的に川で洋服や食器を洗い、文字通り、汚れを水で流していたところから生まれた、という説が有力のようだ。災厄や祭りに関する道具や品物も、供養をしてから実際に川に流していたこともあるという。現在なら不法投棄ということになるかもしれないが、たしかに、高校の卒業式の日に卒業生たちが学帽の白線とセーラー服のスカーフを一本に結びつけ川に流す「白線流し」という行事がタイトルになったテレビドラマもあった。

英語やフランス語の辞典をパラパラめくってみても、この「水に流す」に相当する慣用句は出てこない。文字通り、水で洗い流すかのようにあっさりとなかったことにしたほうがよい過去もある、というのは、日本文化独特の価値観なのかもしれない。

ところが最近、診察室には、過去を「水に流せない」どころか、一瞬たりとも忘れられない、という人が多くやって来る。ある患者さんは、つらそうな顔でこう語った。

「ほかの人たちは、昔のいやなことを簡単に忘れられるのでしょう？ そうでなくても、時間がたてばいやな記憶も薄れていく、って言いますよね。私は違うんです。中学のときに先生から言われたひとこと、親からの言葉、全然、忘れられません。いつも、〝どうしてあの人はあんなひどいことを言ったんだろう？〟と考えてるんです」

しかもその人は、考えるたびに悲しさやつらさ、怒りまでが、まさにいま、そう言われたかのようによみがえってくる、とも言うのだ。

この人に、「いやな記憶が薄れないのだとしたら、うれしい記憶も同じですか？」と尋ねたら、けげんな顔をされた。教師や親に傷つけられた記憶が鮮明に残っているなら、初恋の人に告白して受け入れられたとき、大学受験に合格したときなどのときめきやうれしさも、同様に鮮明に残っていてもよさそうだ。しかし、その人は「そんなことはまったく覚えていない」と言うのだ。

うれしかったことは思い出せない

個人的な怒りや悲しみは忘れられないが、喜びやうれしさは忘れてしまう。これは、この人だけに限ったことではない。

「神経言語プログラミング（略称NLP）」という心理療法やビジネスコミュニケーションの世界でも応用されているアメリカ発の理論がある。あるとき、その専門家を大学のゼミに招いてレクチャーをしてもらったことがあった。NLPのくわしい説明は省くが、その中に「タイムライン」という考え方がある。人間は頭の中にタイムマシーンのようなものを持っており、過去・現在・未来を自由に移動することができる、というものので、このとき感じる内的、主観的時間を「タイムライン」と呼ぶのだ。NLPの実際のセラピーでは、この「タイムライン」を実際の直線として地面に描き、その上を前後に歩きながらより過去や未来を体感する。

そのときのレクチャーでも教室の床のフローリングの継ぎ目を「タイムライン」に見立て、講師の誘導で学生が現在から過去、未来へと時間軸を移動してみることになった。

「では、過去にどんどんさかのぼってみましょう。あなたのこれまでの人生でいちばんうれしかった瞬間まで、戻ってみることにしましょうか」

そう言われて学生はおずおずと後ずさりを始めるが、なかなか一点で立ち止まることができない。「うれしかったこと、と言われても……何かな……そんなこと、あったかな」と戸惑っているようだ。ほとんどの学生が同じような動きをし、中にはタイムラインから外、つまり設定では〝生まれる前〟にまで足を踏み出してしまった人もいた。講師はややあせりぎみに「ほら、うれしいことが何かあるでしょう。大学合格、高校合格、スポーツ大会の優勝とか」と例をあげても、学生たちは「思い出せない」「それほどうれしかったっけ」と首をひねるばかりであった。

講師が言うには、教科書的にはどこかの地点で立ち止まったら、そこであたかもその瞬間に戻ったようにもう一度、その喜びやうれしさを体感してもらうのだそうだ。もちろん、そこで自分を肯定し、自信を取り戻してもらうのが目的だ。「アメリカのレクチャーだと、試験でいちばんになったときや恋愛が実ったときのことをありありと思い出して、ぴょんぴょん飛び上がったり涙を流したりする人もいるんですけれどね」とのことだったが、とくに日本の人たちは、自分自身の過去に関する良い記憶についてはとりわけあっさりと水に流しやすい傾向を持っているのだろうか。だとすると、この「タイムライン法」を使ったセラピーは日本向きではない、ということになる。

永遠に答えのない「自己の起源」への問い

しかし先ほども述べたように、過去のいやな記憶に関しては、逆にタイムライン法を使うまでもなくすぐに思い出せてしまう、という人が多い。そして、「なぜ私があんないやな目にあわなければならなかったのか」「どうしてあの人はあんなひどいことを私に言ったのか」とこだわり続けていると、問いは容易に「なぜ私はこんなつらい人生を歩むために生まれたのか」と自らの由来、根拠の問題にたどり着いてしまう。

精神分析学者の新宮一成氏は、『ラカンの精神分析』（講談社現代新書）で「我々の記憶をさかのぼってゆくと、どこかでそれは切れてしまう。自己の誕生を記憶している人はいない」という前提のもと、過去にこだわる人たちは、実はそのことを通して「自己の起源」を取り戻そうとしていると述べる。

患者さんたちは、『あの時、あんなことさえなかったら、今の私の生活は、自然な充実したものになっていただろうに』という想念にしばしば悩まされる。この想念の中では、「そのことがなかったならば実現していたはずの私の自然な生活＝生命」という観念によって、失われた自己の生命的根拠が、象徴的に取り戻されていると言える。

もちろん、いくらそうやって精神分析的に過去にさかのぼって行っても、完全な意味での自己の起源にたどり着くことはできない。ところが、「自分の人生は、記憶の欠如から始まっている」という事実にどうしても納得することができず、それを空想で埋め合わせようとする人もいる。新宮氏は、精神分析の概念を用いながら次のように説明する。

患者が自分の家族と自分との関係を想像上で改変する現象を「家族小説」と言い、捨て子・貰い子空想などが代表的な例である。（中略）こうして、患者一人一人の空想を掘り下げると、その患者の誕生よりも前から、家族の中に伝えられていた神話のような構造を認めることになる。たとえば、その患者が、直前に死んだ祖父や祖母、あるいは流産した子の生まれ変わりと見なされているような場合である。

つまり、こうした〝生まれ変わり〟の空想は、たどってもたどってもたどり着かない自分の根拠にとりあえずの説明を与えるための、ある種の努力の結果ということになる。

「生まれてきたのは私の意思」という納得

ところが最近は、ごく気軽にこの出生の根拠を外部から与えようとする動きがある。出産を控えた若い女性を中心に隠れたベストセラーとなっている産婦人科医・鮫島浩二氏の『私があなたを選びました』もそのひとつだ。多くの出産に立ち会った経験からのメッセージと言われる鮫島氏の文章は、多くの読者に感動を与え絵本などにもなっている。

おとうさん、おかあさん、あなたたちのことを、こう、呼ばせてください。
あなたたちが仲睦まじく結び合っている姿を見て、
わたしは地上におりる決心をしました。

きっと、わたしの人生を豊かなものにしてくれると感じたからです。

（『私があなたを選びました』鮫島浩二／植野ゆかり、主婦の友社）

「こんなつらい人生、何のために生まれてきたのか」と思う子ども、子育てのつらさに自信を失いがちな母親も、「そうか、自分ではよく覚えていないけれど、子どもがその親のもとに生まれるというのは、その子ども自身の意思と選択の結果だったのか」と納得するのだ。何年にも及ぶ精神分析を経ても、せいぜい「出生の根拠はどうやっても納得できないものだということが納得できた」という結論にしかたどり着かないはずであったのに、いまはたった一冊の本を読むだけで、簡単に「生まれてきたのは私の意思」と思えるものなのだろうか。あるいは、そうとでも思ってとりあえずは自分の根拠を確認した気にならなければとても耐えられないほど、生きることのつらさ、理不尽さの思いが強くなっているということかもしれない。

なぜ小泉・竹中コンビは責任を問われないのか

このように、自分自身の過去にまつわる苦しさを水に流せない人が増えている一方で、社会の問題に関しては簡単に忘れてしまう人が多くなっているような気がする。

二〇〇八年のアメリカ発の金融破綻に端を発する経済危機は、あっという間に世界中に広がり、日本にも深刻な影響を与えた。

日本の場合、小泉政権時代の構造改革路線が今回の不況に拍車をかける結果になった、と言われている。毎日新聞社が行った調査でも、一九九九〜〇四年の全国の市区町村の納税者一人あたりの平均所得に関し格差の度合いを示す「ジニ係数」は〇二年を境に急上昇したことがわかっており、小泉政権時代に地域間格差が広まったことは明らかになっている。性急な医療改革により、救急患者や高齢者を中心に医療難民があふれ返り、医療は崩壊寸前と言われている。また、終身雇用システムが衰退して非正規雇用者が激増、不況突入と同時にその人たちが職を失い、ホームレス化する人まで出ている。しかしその小泉構造改革の責任は、いまだにはっきりした形では問われていない。

構造改革の主導者である竹中平蔵氏は、〇九年三月六日に産経新聞のインタビューに答えてこう語っている。

格差は一九九〇年代から拡大した。小泉政権の間は（格差指標の）ジニ係数はむしろ、上昇が鈍った。改革で格差が広がったということはない。

（構造改革には反発があるが）改革で利権を奪われる側の宣伝だ。日本が直面している問題は各国共通。みな前進して解決しようとする中、日本だけ後ろに戻れば解決できるという幻想を抱いている。原因の一つは、政府の説明責任が欠けていることだ。経済財政諮問会議が情報発信をしていない。グローバリズムはチョイス（選択できるもの）ではなくファクト（現実）だと説明しなければ。

中には、こういった発言に対して「彼は、〝構造改革を断行し、成果を得た〟つもりのようだが、いったいどこが改革され、どういう成果を得たのか。小泉・竹中コンビはスクラップだけでビルドはしていない」と手厳しく批判する作家の高杉良氏のような声もあるが、いまだにこのコンビの人気は高く、竹中氏の著作はベストセラーとなり講演、インタビュー、テレビ出演と引っ張りだこだ。

それどころか、小泉元首相にカムバックを望む声もある。〇九年二月、中川財務・金融相辞任後に行われたフジテレビ「報道2001」の「ポスト麻生は誰が？」の調査結果でも、「小沢一八・四％、小泉一〇・〇％、小池百合子五・八％」で与党では小泉純一郎氏が他を大きく引き離してトップであった。

権力の過ちにこだわるのは野暮なこと？

一方、竹中氏とともに構造改革の急先鋒といわれた中谷巌氏は、先に紹介した『資本主義はなぜ自壊したのか』で、「小泉改革には将来の方向性がなかった」として、この路線の失敗を認め懺悔《ざんげ》し、自分はグローバル資本主義から〝転向〟したとも言っている。

中谷氏の著作もベストセラーとなり、書評は「よく言った」と著者の勇気を讃《たた》え、それ以上、失敗の責任をどう取るのか、などと追及する声はない。ある雑誌に本書に好意的な書評を書いた知人にその理由を尋ねたところ、「ここまで率直に非を認めているんだから、それ以上、断罪しないのは武士の情けですよ」という答えが返ってきた。

社会の方向性を決めるような大きな問題になると、こうしてまた人は「水に流す」ことをよしとしようとするのである。もちろん、開き直って「格差は広がっていない」「不況なのは構造改革がまだ十分に行われていないから」などと言うよりは、「市場至上主義は間違いだった」と認めるほうがまだ誠実なのかもしれないが、懺悔すればそれでよし、とすませるには起きてしまった結果はあまりにも重篤だ。あるいは、そこで職を失い医療を受けられずに苦しむ人も、「でも、こういう人生を選んで生まれてきたのは私自身なのだから」と先ほどの考え方で納得しようとしているのだろうか。

個人的なマイナスの記憶については、人はなかなか水に流せない。どんどん起源にさかのぼり、ついに「私は私の意思で生まれたのだから、どんな苦難も引き受けなければ」と自分に言い聞かせて納得しようとしさえする。

ところが、社会的なマイナスの記憶や権力側が犯した過ちについては、まるでなかったことにするかのように、すぐにさらさらと水に流してしまう。それ以上、こだわったり追及したりするのは、なんだか野暮なことのようにさえ思われてしまう。

水に流すべきこと流してはいけないことの本末顚倒

しかし、これはまさに本末顚倒である。

個人的なマイナスの記憶を最初から「なかったこと」にするのは精神医学では「否認」と言われる〝問題行動〟だが、一度、それとしっかり直面できれば、〝かた〟はついたはずなのである。それ以上、そこに拘泥《こうでい》してあれこれ考えても、心の問題がプラスの方向に深まることはない。カウンセリングも、本人にとってマイナスの記憶をきちんと思い出して語ることができれば、とりあえずはそれで目的達成、終了となる。

そして、社会的なマイナスの記憶については、私たちは容易に忘れてはならない。たとえば、私は研修医のときに先輩から、精神科医にとって「ナチスドイツが行った精神病患者の断種や虐殺に精神科医も加担した」というのは決して忘れてはならない記憶だ、と教えられた。病者や傷ついた人々を救わなくてはならない精神科医が、病気の人や〝危険人物〟への病名のレッテル貼りを行い、収容所送りや虐殺にも見て見ぬふりをしたのだ。だから精神科医は簡単に権力と手を組んだり、安易に「あの人は社会にとって危険人物だ」といった発想をしたりしてはならない、と先輩は昨日行われたことのようにそれを語った。

しかし最近は、はっきりした疾患でもない患者さんに「あの人って反社会性パーソナリティ障害だよね、犯罪予備軍としか言いようがない」などとすぐに診断を下そうとする若い医師たちにその話をしても、ピンとこないという顔をされることが多い。「それって昔の話でしょう？　それといま僕が反社会性パーソナリティだから危険、と言うことと、何か関係があるのですか？」

もし社会的にマイナスの過去を完全に忘れたら、誤った考えにとりつかれた為政者に「危険人物は予防的に隔離せよ」「彼らが子どもをつくってその形質が遺伝するようなことがないようにしなければならない」と言われたときに、またそれに従ってしまう精神科医も出てくるかもしれない。

水に流すべきことは流して、明るい未来に向けて目を向ける。しかし、流すべきでないことは流さずに、きちんと向き合ってその責任を追及する。「水に流す」という文化の使い方を、もう少し正しい形に戻す必要があるのではないだろうか。

第6章
仕事に夢をもとめない

「パン以外」の働く意味がわからない

人は、何のために働くのだろう。

お金を手に入れ、衣食住を充実させるためか。しかし、新約聖書には「人はパンのみにて生きるにあらず」とあるところを見ると、仕事をしてお金が手に入ったとしても、人間にとって最も大切なものや真の豊かさはもっと別のところにあるようだ。もちろんこれが聖書の言葉であることを考えると、その〝パン以外〟は信仰心や愛ということになりそうだが、「愛のために生き、働くのだ」と言われてもなかなか納得するのはむずかしい。

インターネットには、「食べるために働くのは、もうやめにしませんか？　今日からあなたは、本当に好きなことをして豊かな生活を手に入れられるのです！」といったフレーズがあふれ返っている。〝パン以外〟の働く意味がいよいよ明らかにされているのか、と期待して先を読むと、そのほとんどが「在宅ビジネスのノウハウ伝授」といったやや怪しげなビジネスの宣伝であることがわかる。結局は、「月三〇万円の増収も夢じゃない」などお金儲けが生きる目的や真の豊かさの秘密である、と言おうとしているようなのだ。お金がふんだんに手に入る仕事こそが自分の「本当に好きなこと」なのだろうか、とますますわからなくなってしまう。

宝くじで一億円当たったら仕事を辞めるか？

私自身の話をすると、私は基本的にはパンのために、つまり衣食住のために働いている。もともと医者志望だったわけではなく、大学受験で希望の学部に入れずに私立の医大に進んだ。医者の仕事の中では小児外科に興味があったのだが、夏休みなどに実習に行ってみて、技術的に自分にはとても無理と断念せざるをえなかった。そして、かろうじて自分にもできそうな科、ということで精神科を選択することになったのだ。医者という人の命や人生にかかわる仕事なのに、「生活のために働いているんです。もともとやりたいわけじゃなかったんです」とあっさり認めていいものか、という葛藤《かっとう》は私にもある。そこで大型宝くじが発売される夏と年末には、いつも自分に問いかけてみることにしている。

「もしこの宝くじで一億円が当たったら、私は仕事を辞めるだろうか」

自分としては、「いや、私はお金のために働いているわけではない。だから一億当たろうと一〇億当たろうと、医療の仕事を辞めることはない」という答えが、自分の中からわき出てこないだろうか、と期待しているのだ。

ところが、そんな答えはいっこうに出てこないどころか、「一億じゃなくても五〇〇〇万でも辞めるかも」「いや、いまなら一〇〇〇万でも辞めたい」と、仕事と引き換えにする金額はどんどん下がる一方だ。数年後には、とりあえず数カ月をしのげるだけの数十万円が手に入ったら、いますぐにでも働くのをやめたい、と思っているのではないだろうか。自分は目先の生活のためだけに仕事にぶら下がっているにすぎないのだな、とつくづく情けない気持ちになるが、逆に考えれば「目先の生活を何とかしなければ」という思いがある限り、私は働くのをやめることはない、ということだ。

思い返せば十年ほど前、勤務していた病院で「医局長」から「ヒラの医者」に降格になったことがあった。とくに落ち度があったわけでもなかったので、同僚の中には「経営者に抗議すべきだ」「そんな扱いを受けてまで勤め続けることはないのでは」などと助言してくれる人もいたが、私としては何かアクションを起こす気にもなれず、そのまま勤務を続けた。降格になっても〝パン代〟としては十分な金額が支払われていたので、それ以上、望むことはなかったのだ。

周囲からは私のその態度は、仕事への情熱や誇りがあまりに欠けて見えたようだった。しかし、「給料さえもらえればそれでよい、というわけではない。私は○○のために医者の仕事をやっているのですから、それを認めてもらいたい」と抗議しようにも、「○○」にあてはまるものが何なのか、どうしてもわからなかったのだ。

やりたくない仕事をやらない自由

哲学者の池田晶子氏は、その著者『14歳からの哲学』（トランスビュー）の中で、次のように記している。

生きるためには、食べなければならない。食べるためには、稼がなければならない、そのためには、仕事をしなければならない。この「しなければならない」の繰り返しが、大人の言うところの「生活」だ。しなければならなくてする生活、生きなければならなくて生きる人生なんか、どうして楽しいものであるだろう。

この言葉を通して池田氏は、「生きるのは、そもそもそれほど楽しいことじゃない」と言おうとしているのだと思う。そして、「しなければならなくてする楽しくない生活」それじたいを、否定しているようにも思えない。「そういうものだ」とシビアな現実を伝え、後はそれを選択するかしないかは個々人の自由、と言っているのだ。

ところが、戸田智弘氏の『働く理由』(ディスカヴァー・トゥエンティワン)では、このフレーズは別の意味に解釈され、紹介されているようだ。戸田氏は、「本当は働きたくないんだけど、生活のために仕方なく働いている」と言う人の「本当に働きたくない」は疑わしい、と言う。その人たちは、「この会社で働きたくない」だけなのではないか、と言うのだ。そしてそうだとしたら、次のようにすべきだ、と戸田氏は言う。

もし本当にここで働きたくないのであれば、ここで働かなければいいのだ。もし本当にこんな仕事をしたくないのであれば、こんな仕事をしなければいいのだ。あなたは自由だ。あなたは別の場所で働くことを選べる。あなたは別の仕事をすることを選べる。

簡単に言えば、「生活のために仕方なく働いている、と自分への言い訳をしなくてもすむような仕事を選べ」ということなのだろう。池田氏は「仕事をしなければならない不自由な人生というものは、本質的に楽しくない」と言っているが、戸田氏は「自由に仕事をすれば、人生は楽しい」と言おうとしている。「楽しい仕事、自由に選べる仕事」とは、つまり「自己実現のための仕事」ということだろう。

しかし、戸田氏のこのような考え方に対しては、いくつかの疑問、問題が生じる。

ひとつは、現実的な問題だ。「仕方なく働いている」と言わなくてもいいような仕事、「私は好きでここで働いているんです」と堂々と言えるような仕事に、すぐにつくことなどができるのだろうか。実際の社会で、「夢を仕事にする」ことができる人は、いったいどれほどいるのだろうか。

マラソン選手として活躍した高橋尚子氏は、インタビューを受けるたびにいつも「あきらめなければ夢はかなう」と強調してきた。彼女が限界を超えて努力を続ける姿に感動したファンも大勢いるとは思うが、世の中には、一度、抱いた夢がかなわなかった人も無数にいる。そういう人たちは、途中であきらめたから、熱意が足りなかったから、夢が実現しなかったのだろうか。そうではないだろう。才能や環境、健康、運やタイミング、あるいはルックスなどに恵まれず、本人の意思や努力とは関係ないところで、あきらめざるをえなかっただけなのだ。

「私は、世界的に活躍するモデルとして働くのが夢」と思ったとしても、それを実現できる人は一握りだ。そうであるにもかかわらず、夢がかなわなかった九九パーセントの人が「途中であきらめた自分が悪いのだ」と自分を責め、「好きな仕事につけないのだとしたら、働く意味がない」と失望しながら、仕方なくパンのために働き続けなければならないのだとしたら、それはひどく残酷なことだと言える。

あなたの夢はあなたが本当にやりたいことなのか

また、もうひとつの問題は、「仕方なくするのではない、本当にやりたい仕事」とは何か、そう簡単にわかるのだろうか、ということにある。

高橋尚子氏にとっては、「本当にやりたいこと」「かなえたい夢」とは間違いなく走ることでありオリンピックに出場することだったのかもしれないが、それにしても「本当にそうなのか」と自問し続けたら、自分でもわからなくなるのではないだろうか。

診察室にもそういう人はたくさん来る。

「不妊治療を受けているときは、私が本当にやりたいのは母親になること、と信じて疑わなかったのですが、いざ子どもが生まれてみると、仕事で充実している友だちがうらやましくて……」「この業界でナンバー1になることがずっと夢だったんです。でも、それが実現できても思ったほどの達成感はありませんでした。もっとランクが下でも、子どもを持って楽しそうに働いている後輩を見たりすると、やっぱりそっちのほうが人として真っ当だったかも、と思って空しくなりました」

「これだ」と確信していたはずでも、人間の気持ちなど体調が悪かったり、ふと他人を見たりするだけで、簡単に変わってしまう。

また、夢の中には「世界征服」「不老不死」など、そもそも実現が不可能なものもあれば、中には実現しないほうが自分やまわりのためによい、というものもある。精神分析学者のジャック・ラカンは「(自分の)無意識とは他者の欲望である」と言ったが、心の奥の奥、無意識が抱いている夢の多くは、自分の意識が思いもかけないようなもの、しかもおぞましく恐ろしいものだと言われている。寝ているときに見る夢にもそういった無意識の欲望の片鱗《へんりん》が顔を見せることがあるが、殺人の夢やまったく興味のない相手と性的関係を持つ夢を見て、自分でも愕然《がくぜん》とした経験を持つ人も多いのではないか。それが即、無意識の願望というわけではないのだが、そうである可能性も否定はできない。

このように、精神医学的には、夢は手放しで礼賛すべきものではなく、かなり厄介な存在だ。だから、「私は、自分の本当の夢を実現できるような仕事をしたいんです」などと安易に思うのは、精神科医から見たら、とても危なっかしいことだ。思ってよいのは、せいぜい「私は、本当の夢の中で、反社会的ではない範囲で無難なことを仕事にしたい」といった程度だ。

「パンのために働いている」で十分

さらに、「夢を仕事に」といった言い方が問題なのは、「夢とは違う仕事なら、働く意味がない」と思って仕事から遠ざかる人が増えることにある。就職活動になかなか取りかからない学生と話していても、すぐに出てくるのが「本当にやりたいことが見つからないので」という言葉だ。まじめな彼らは、「好きなことを仕事にしなさい。仕事で夢を追いかけなさい」という大人たちからのメッセージを律儀に信じるあまり、「夢や好きなことが見定まらない限り、働いてはいけないのだ」と思い込んでいる。学校を卒業する頃になって、「とにかく生活のために何でもいいから働きなさい」とアドバイスされても、彼らとしても「いまさらそう言われたって」と困惑してしまうだろう。

先にも述べたように、私が大学を出て就職したのは、ひとえに〝パンのため〟であった。大学卒業と同時に仕送りはいっさい止める、と親に言われて、とにかくすぐに報酬がもらえるようにしなければ、と思ったのだ。大学院に進む、留学する、無給だが人気の研修病院に行く、といった選択も自動的になくなった。後で考えると、最初から選ばなかったほうに「本当にやりたいこと」に近いものがあったことに気づいたが、まさに後の祭り。そのときは落ち込んだが、だからといって働くのをやめるわけにもいかず、ますます〝パンのため〟と割り切って仕事に精を出すようになった。

ただ、仕送りがなくても自分で生計を立てている、ということは、それだけで私に思わぬ自信を与えてくれた。自分で稼いだ金なのだから、とほとんどをCD代につぎ込んだ月もあったが、そんな使い方をしても誰にも文句を言われない。「どうしてもほしい本があって」などと親に頭を下げて仕送りにプラスしてもらっていた学生時代とは、解放感がまったく違う。

それに、〝パンのため〟であれば仕事にも身が入らないか、というと、それも違った。この仕事を失ったら今月から暮らせないと思うと、かえってそれなりに真剣になる。また、仕事そのものが「本当に好きなこと」とは違っていたとしても、その中である程度、長くやっていると、だんだん技術が身についていく、まわりの人からも認められたり頼りにされたりする、という別の喜びが味わえる。しかも、たとえちょっとした失敗をしても、「これはしょせん本当に好きな仕事じゃないんだから」という逃げ道があるので、激しく落ち込まずにすむこともある。仕事と適度な距離を保つことができるので、燃えつきずに長く続けることもできる。これは強がりでも何でもなく、私はある時点から「やりたいことを仕事にしなくてよかった。自己実現のためではなく、〝パンのため〟の仕事だからこそ、私はこうして続けていられる」と思うようになった。

もちろん、自分は仕事を通して自己実現できている、と思っている人は、あえてそれを自分で否定する必要はない。「私は恵まれている」と思って、ますます仕事に打ち込めばいいだろう。ただ、「好きなことを仕事にしていない」「仕事で夢を追いかけていない」という人も、自己嫌悪に陥ったりその仕事をやめたりする必要はないのだ。「私は何のために働いているのか」と深く意味をつきつめないほうがよい。どうしても意味がほしければ、「生きるため、パンのために働いている」というのでも、十分なのではないだろうか。

人は、パンのみにて生きるにあらず。しかし、パンなしでは、愛の実践も夢の実現も不可能なのもまた事実だ。パンのためだけにどうしても嫌いな仕事につくことを強《し》いられたり、雇用者に搾取され続けたりするのは問題だが、深い意味がなくても仕事をし続けるのは、それじたいでけっこう意味があることなのではないか、と思うのである。

第7章 子どもにしがみつかない

愛子さまのことだけを詠み続ける雅子さま

長く療養を続ける雅子さまだが、毎年一月に開催される「歌会始」には、出席はしないものの「お歌」、つまり作品は発表し続けている。

そのお歌には、他の皇族とは大きく異なる特徴がある。長女の愛子さまが生まれてからというもの、お歌は、愛子さまとの生活あるいは成長の様子を詠《よ》んだもののみに限定されているのだ。この六年の作品を紹介させてもらおう。

平成十六年（お題「幸」）
寝入る前かたらひすごすひと時の吾子の笑顔は幸せに満つ

平成十七年（お題「歩」）
紅葉ふかき園生の道を親子三人なごみ歩めば心癒えゆく

平成十八年（お題「笑」）
輪の中のひとり笑へばまたひとり幼なの笑ひひろがりてゆく
平成十九年（お題「月」）
月見たしといふ幼な子の手をとりて出でたる庭に月あかくさす
平成二十年（お題「火」）
ともさるる燭の火六つ願ひこめ吹きて幼なの笑みひろがれり
平成二十一年（お題「生」）
制服のあかきネクタイ胸にとめ一年生に吾子はなりたり

雅子さまといえば、皇室に嫁ぐ前はハーバード大、東大を経て外務省に入省、外交官として華々しく活躍していたスーパーウーマン。その関心の対象も、政治、経済、外交から芸術、スポーツまで、と幅広いことで知られていた。

それが、とくに心身の調子を崩し、公務もままならない療養生活に入ってからは、わが子のことのみを詠み続けているのだ。実は雅子さまは、愛子さま誕生以前も歌会始では皇太子さまとの生活や思い出を詠んだ歌を発表することが多く、「家族を詠む」という信条をあえて守り続けているとも考えられる。とはいえ、他の皇族が公務での経験や社会問題などもさりげなく歌に取り入れている中で、雅子さまほどのキャリアの人が「いつも自分の子どものことだけ」というのは、やや特異に見えてしまうのだ。

また、皇太子さまも誕生日の記者会見などでは毎回、「子育て」の問題について多くの時間を割いて話し、「家族はコミュニティーの最小の単位である」としてその大切さを繰り返し強調している。おそらくこの場合の「家族」とは、夫婦と幼い子どものいわゆる「核家族」を指すのであろう。あるいは、二〇〇九年の誕生日では愛犬のことを「家族同様に接してきた」と語っているので、「核家族とペット」を「家族」と考えているのかもしれない。最近はさすがに、自分の家族にのみ関心が向かいがちな皇太子夫妻に対して「もっと国民を見て」という声も一部で上がっているようだ。しかし女性週刊誌などは相変わらず、「キャリア女性から、子どもを愛してやまないひとりの母親に」という雅子さまやそれを支持する皇太子さまに共感の目を向け続けている。

子どもを持つ女性がいちばん有利な時代

このように「幼い子どもを中心とした家族が最優先事項」と思いがちになったり、それを社会的にも肯定しようとしたりする動きは、何も皇太子夫妻だけをめぐって起きているわけではない。とくに最近は、少子化が深刻な社会問題とされていることも関係し、たとえ仕事を持っていても「私にとっては子どものほうがずっと大切」とはっきり表明したり、そう振る舞ったりすることが、容認あるいは奨励されるようになりつつある。

東京大学は二〇〇九年三月、「公的な会議を午後五時以降には行わない」という宣言を発表したが、これは「女性研究者の活躍を促すのが狙い」とされている。また、今後は女性研究者をより積極的に採用する、との方針も同時に発表された。少し前までは「女性は出産で長く休まれると困るから」と採用を見送られたり、あるいは採用されたからには結婚、出産のことは考えずに働かなければ、とシングルを通し続けたり、というのがあたりまえだったことを考えると、驚くべき変化である。私の知人で大学の研究者を目指す女性も、つい三年前に「私は結婚して子どもがひとりいるんだけど、そう言うと不採用になっちゃうから、教員公募に書類を出すときは独身ということにしてるの。もちろん、結婚の予定は一切ありません、という顔をして。大学の場合、採用でいちばん有利なのは既婚男性、次は独身男性、それから独身女性という順番で、既婚で子持ちなんて最悪中の最悪なんだよね」と言っていたのが一気に逆転し、いまでは「子どもを持つ女性がいちばん有利」という時代が来たのだ。

とはいえ、せっかく「女性だから」と積極的に採用されたのに、なかなか結婚も出産もしないという女性は、その後どうなるのだろうか。あるいは、すでに研究者をしている人の中で、〝昔のルール〟を守り、ずっと未婚、未出産で働き続けている女性は、周囲からどう思われるのだろう。「子育て女性が有利」という逆転のあおりを受け、むしろ彼女たちが不利な扱いを受ける、ということはないのだろうか。

結婚、出産を経たほうが人間的深みが出る？

不利な扱い、というほどでもないが、私もちょっとした恥をかいたことがある。知人から、東京女子医大に「女性医学研究者支援室」が開設されたと聞いたので、てっきり女性で医学研究を志す人なら誰でもサポートしてくれる組織かと思い込んで、問い合わせをしてみたのだ。ところが、ここは子どもを持ちながら仕事を続けたい、あるいは育児休暇を経て仕事に戻りたい、という女性医師を手厚く支援する組織であり、私のように子どものいない人間はまったく無関係の場所であることがわかった。それから改めてこの支援室の設立趣旨などを読むと、そこにはたしかに、「女性には出産や育児といった家庭生活における負担が大きく、このために医師あるいは研究者としての役割を十分に果たすことがたいへん難しい」ので、さまざまな支援を行って「女性医学研究者を支援し、将来の医学研究のリーダーを育成すること」が目標と明示されていた。

たしかに、子育てをしながら医療の仕事をするというのはたいへんなことなのだろう。とはいえ、基本的には結婚、出産はハッピーでラッキーであるし、それを選択したのは本人であるはずだ。それにもかかわらず、この人たちは「困難な状況にある人」と見なされ、細やかな配慮や優遇措置を受けることができ、結果的にはシングルのまま自力で仕事を続けている女性よりも高いポジションにつくことができる、というのはちょっと矛盾しているような気がしてしまう。

私が医者になった今から二十五年近く前には、女性が研修医として専攻したい科の医局で〝草鞋《わらじ》を脱ぐ〟ときには、「当分の間は結婚も出産もしません」と誓いを立てさせられることもめずらしくはなかった。もちろん、そうは言っても入局間もない時期に結婚したり、その後、妊娠したりする女性医師もいた。そういう女性に向かって、表面的にはみな「おめでとう」と祝福するものの、裏では「だからオンナの医者は困るんだよね」などとかなり露骨に言う人もいた。それがいまでは、結婚、出産を経た女性のほうが、むしろいろいろな支援を受けられたり「やはり医師としての人間的深みが出る」と評価されたり、と状況がまったく一変してしまったのだ。

「ママでも金」の谷選手をどう見るか

中には、この流れに疑問を呈する人もいる。元柔道家で現・筑波大学准教授の山口香氏は、スポーツ雑誌『スポーツゴジラ』第三号に「柔道世界選手権（ブラジル・九月）

の選手選考について」という論考を寄せている。二〇〇七年の選考会、女子四八キロ級の優勝者は福見友子選手だったのだが、選考されたのは決勝で敗退した谷亮子選手だったのだ。谷選手は出産でブランクがあったことやこれまでの実績を考慮しての選考には不満はないが、としながらも、山口氏は次のような趣旨の意見を述べる。

これまで柔道ひと筋で生きてきて、結婚も出産も犠牲にしてきた女性選手も大勢いる。その人たちが不利になるような状況があってはならない。

しかし、山口氏のような意見はまだまだ〝少数派〟であり、マスコミも第二子を妊娠しても現役続行を表明しあくまで〝ママでも金〟にこだわる谷選手を、ひとりの母親としてまた柔道家として応援する姿勢を見せている。

素人にプロ歌手デビューのチャンスを与える、というテレビのオーディション番組でも、最近、合格するのは「子どものいる若い男性、女性」ばかりなのだと言う。「苦労もあるけれどママになってよかった」「生まれてくれてありがとう」と朗々と歌い上げる合格者たちを見ていると、「ここには、歌ひとすじで気がついてみたらシングルのま ま四十代に、という人は入る余地はないな」と思い知らされる。司会者は、「この人たちは、家族ができて一度、夢をあきらめなければならないという苦難を乗り越え、今日の日を迎えたのです」と言う。たしかに、子どもがいても夢を実現できる、というのはよいことなのは間違いない。これまでは、とくに女性の場合は「子どもがいる＝社会の第一線からの脱落」と見なされ、望んでもなかなかチャンスすら与えられなかった。とはいえ、チャンスが手にできるのは誰からも認められる出産や子育てといった「苦難」を乗り越えた人だけであり、子どものない人がかえってチャンスをつかみづらい、というのもおかしなことのような気もする。本来ならば、子どもがいてもいなくても、評価は同じようにされるべきだし、チャンスも同じように与えられるべきではないか。

子が親を愛するのは本能ではない

このように、子どもを持った後、その夫婦の関心が子どもにのみ向かうことが「微笑ましい」と肯定されたり、とくに母親が仕事に復帰するときには組織的な手厚い支援やシングル女性以上の有利な扱いを受けたり、と社会の方向性がひとつに向かうようになると、ますます親にとっての「子どもの価値」は高くなっていくことだろう。

最近は、不景気により業績が悪化した企業で、育児休業中の女性を解雇したり、非正規社員にする、いわゆる「育休切り」が問題になっている。しかしそれも一時的な現象であり、今後、「キャリアも子育ても」というスタイルが女性にとって最も理想的な働き方であるという大きな方向性が揺らぐことは、まずないだろう。

ただ、ここでもうひとつ、子ども側の問題が出てくる。親にとって自分の評価を高めてくれるほど「価値ある子ども」であるということは、その子どもにとってはたして幸福なことと言えるのだろうか、という問題だ。

二〇〇八年に世を去った評論家の俵萌子氏の晩年の著作のひとつに、『子どもの世話にならずに死ぬ方法』（中央公論新社）がある。認知症になった母親の介護で苦労した経験のある俵氏は、わが子との問題で悩む友人に「親孝行は本能ではない」とアドバイスをする。するとその友人はこう言う。

「親が子を愛するのは本能だけど、子が親を愛するのは本能ではない。親は子のために死ねるけど、子は親のために死ねないんだ。それが自然なんだ。わかりました」

そして友人は、子どものためにマンションの頭金を出すのをやめるのだ（ところがやっぱりその後、頭金を出したと報告があり、俵氏はあきれる）。俵氏は、自分自身でも子どもにはすがるまい、と決意して、老人ホーム探しをしながら「子どもの世話にならずに死ぬ方法」という一般向けの講座を始めるのだ。

結局、俵氏はホームには入らず、赤城山の山中に作った美術館を兼ねた住まいで暮らし、肺がんを患って亡くなった。最後まで本当に「子どもの世話にならなかった」かどうかはわからないが、少なくとも亡くなる直前まではがんの患者会に出席するなど、かなりパワフルに活動を続けたようだ。その前の年、対談した時も、子どもたちは独立して海外に暮らし必要があるときに連絡するだけ、といった話をしていたので、少なくとも心理的にはよりかかることはなかったのだと思う。

自分のステイタスを上げる手段としての子ども

ただ、この俵氏のように「親は子どもを愛するけれど、子どもはそうではない」と割り切って考えることのできる人は、そう多くはないのではないかと思われる。とくに最近のように、子どもを持つことが自分のステイタスを上げ、仕事上でも有利な条件として働く傾向がある中では、子どもは心理的にも現実的にも親にとってなくてはならないものになっていく。

もし、私がいま三十代だったら、先の「女性医学者支援室」で研究の手助けをしてもらいたい、という理由だけで、子どもを産む計画を立てたかもしれない。そうなると子どもはその支援室に所属するための不可欠の条件となるので、私はことさらに「私は母親」「あなたは大切な子ども」と強調したのではないか。子どもとしては、そんな濃密な関係の中に置かれてはたまったものではないだろう。たとえ、そのときは「私は大切にされている」とうれしかったとしても、思春期になって「私は母が支援を受けるために利用されただけなのではないか」と気づき、自分の存在理由について深く悩むようになるかもしれない。しかし、そこで子どもに離れて行かれては、親としてはいろいろな意味で困るので、親は必死に子どもをつなぎとめようとする。それがまた子どもを圧迫したり、さもなくば甘やかして自立を阻んだりすることになってしまう。

「なるべく離れて」と思うくらいがちょうどいい

このように、いずれにしても子どもが大切にされすぎたり、子どもを持つ親が大切にされすぎたりすることは、親子双方にとって必ずしも良い結果をもたらさないことが多い。もちろん、親子が愛情深い関係を築くことじたいは悪いことであろうはずはないが、それであっても、親も子どもも「親だから」「子どもだから」といった属性を別にして、まずはひとりの人間として生きることを目指したほうがよいだろう。また、社会の側も、いくら少子化の問題が深刻であるにせよ、「あなたは親ですか？　子どもはいますか？」「あなたは誰の子どもですか？」と親であること、子であることをあまり問いすぎないほうがよいのではないか。子どもがいる、いない、でその人が仕事上で有利になったり不利になったり、といったこともできるだけ起きないようにしなければならない。つまり、子どもがいる女性が研究者として採用時に有利になるのもおかしいし、子どもがいるからといって不利になるのもおかしい、ということだ。

そうやって、子どもは子ども、親は親、としてそれぞれが自分の人生の確立を目指さないと、中年以降になって親が経済力を失ったり子どもがいつまでも経済力を身につけられなかったり、あるいはどちらかが健康を害して介護の問題が出てきたりしてから、「こんなはずじゃなかった」といった問題が一気に噴出することになる。親も子どもも当時はそんなつもりはなくても、窮地に追い込まれると必ず、「こうしてやったのに」と互いに恩を着せたくなってしまうものなのである。診察室では毎日のように、そんな大人どうしの親子の争いを目にしている。彼らも数年前までは、お互いがいなくては一日も暮らせないようなべったり親子であった場合が多い。

中年以降の泥沼を避けるためにも、若いうちから互いにできるだけ距離を取って、自分は自分の責任で生きていく。それでなくても親子は距離が近くなりすぎるのだから、「なるべく離れて」と思うくらいがちょうど良いのではないだろうか。

雅子さまもいつかは、愛子さま以外のテーマでお歌を詠む日がやって来るだろうか。皇太子妃であるから、世間の関心が〝お世継ぎ問題〟からなかなか離れないのは仕方ないのかもしれないが、「ああ、雅子さまってお子さんがいたんだっけ」と言われるくらい、本人自身が何かに打ち込んだりはできないのだろうか。そうなれば、なかなか公務に復帰できないいまの状況からも脱出できるのではないだろうか、と余計なことをつい考えたくなってしまう。

「いたかもしれないはずの子ども」に執着しない

しかし、そこでふと「私はいったいどうなのだ」と思う。子どもを持つチャンスがなく、いまになって「生まれた時代を間違ったのだろうか。もう少し遅く生まれていれば、躊躇《ちゅうちょ》なく子どもも仕事も、と思えたのに」「いや、私の場合は仕事を選んだというよりは、そもそも出産適齢期に〝結婚してボクの子どもを産んでくれ〟と言ってくれる人に選んでもらえなかったのが問題なのだ。だから、いつの時代に生まれても結局は子どものいない人生だったのだ」などと自問自答を繰り返す私も、結局は「いたかもしれないはずの子ども」に十分、執着しているのではないだろうか。子を持つ親たちに「子どもにしがみつくな」と言うのなら、私自身がまず、こういう自問自答から解放されなくてはならないはずだ。

子どもは、いるかもしれないし、いないかもしれない。そして、人生でその両方をいっぺんに体験することは不可能なのだ。そこで、あのときこうしていれば、などと仮定して堂々巡りをしてしまうのは人間の常とはいえ、そこから何かが生まれることはない。

いや、小説家になりたい人なら、そういった仮定、後悔、空想などから何かが生まれることもあるかもしれないが、とくに小説家を目指しているわけではないのなら、子どもがいてもいなくても、そこにあまりしがみつかないほうがいい、と言えるのではないだろうか。

第8章 お金にしがみつかない

「お金の話ははしたない」という時代があった

お金に関して、誰もが常識であるかのように口にする言葉がある。「お金は、ないよりあるに越したことはない」「お金がなくてよい、という人は誰もいない」。つまり、お金の稼ぎ方に関しては、「どんなことをしてでも」という人から「自分の美学に反してまでは」という人までいろいろな考えがあるが、基本的に人はお金が好き、お金がほしいと思っているものだ、ということだ。

本当にそうなのだろうか。たとえば、私はこうやって本を出すようになってから二十年近くがたつのだが、最初の頃は編集者から「売れ行き」についてあれこれ言われることは、ほとんどなかったように思う。雑誌の原稿の場合、その原稿料を知らされることもほとんどなかった。新聞の取材を受けたが原稿料はゼロ、ということもあったし、知人の作家は一週間も拘束されてテレビ番組のロケに出かけたが、後から振り込まれたお金はいわゆる〝お車代〟程度で、えっと驚いたそうだ。つまり、仮にも出版、ジャーナリズムに携わる人間が、お金の話をするのははしたない、といった価値観が、まだ残っていたのだろう。

二〇〇九年になってからもこんな話があった。

『ブラックジャックによろしく』などで知られる人気漫画家・佐藤秀峰氏が、自身のブログの中で、「僕はいま、年間450ページ程の原稿を描いていて、原稿料にすると、約1600万円をいただいています」「『新ブラックジャックによろしく』は1枚3万5千円。『特攻の島』は1枚2万5千円です。原稿料は1度上げたら、下げられないという通説がありますが、僕は雑誌への貢献度や制作費を考慮して、作品ごとに開きがあります」など、原稿料やそれにかかる経費について具体的に記したのだ。

この記述は、「人気漫画家が原稿料を暴露」「その生々しい台所事情がはじめて明かされる」などと週刊誌やネットのニュースサイトで大きな話題を呼んだ。つまり、これまでこういった〝お金の話〟が漫画家や関係者の口から語られることはほとんどなかった、ということだ。知人の新進漫画家の若者も、「原稿料の話なんて、恐くてとてもできない。漫画より金が好き、なんて思われたくないから」と言っていた。漫画、活字など出版の世界には、いまだに「お金の話はタブー」という雰囲気が色濃く漂っているのだ。

「歌うビジネスマン」小室哲哉氏への高い評価

しかし、その後、経済のグローバリゼーションとともに新自由主義的な考え方が日本に〝輸入〟され、瞬く間に広がってから、お金に関する考え方も大きく変わった。お金にこだわり、自分の収入や資産に敏感であることは、これまでの「はしたないこと」から「当然のこと」に一気に変わったのだ。それどころか、「原稿料？　さあ、いくらもらっているのか」とお金に無頓着であることは、ピュアというよりむしろ無責任、無自覚と考えられるようにさえなった。

同じ変化はアーティストの世界でも起こった。たとえば、一九九〇年代を代表するポピュラー音楽家である小室哲哉氏も、時流に乗って「音楽ひとすじ」から姿を変えていったひとりだ。小室氏は、九四年から九九年の間に、篠原涼子、trf（九六年よりTRF）、hitomi、華原朋美、安室奈美恵など多くの歌手の作詞、作曲やプロデュースを行い、次々にミリオンセラーを世に送り出した。九六年からは二年連続で高額納税者番付で全国四位を記録、九七年の推定所得は約二三億円ともいわれる。また、小室氏は決してビジネスやお金に無頓着というわけではなかったようで、九六年末には海外進出を狙って一〇〇万ドルを出資して香港に合弁会社を設立している。

その頃の小室氏を「歌うビジネスマン」と呼ぶ人もいたが、その戦略的な活躍のスタイルは、「音楽以外のことは何もわからん」といった風情のそれまでのアーティストの姿とは大きく違っていた。そして、そのようにビジネスマインドを隠さずに仕事をし、巨額の報酬で贅沢三昧の生活を送ってそれを隠すことなく披露する小室氏を批判する人は、もはやほとんどいなかった。

田中康夫氏は八〇年代後半に雑誌のコラムで「原稿料」について発言した。そのときには「作家のくせにお金に汚い奴だな」と鼻白んだ編集者がいたそうだ。しかしそれから数年後には誰もが「ミュージシャンでもお金を稼ぎたいのは当然だ。資産を元にさらにビッグなビジネスを展開するなんて、すばらしい」と小室氏を絶賛するほど、お金に対する考え方が激変していた。田中氏も九〇年代後半に「作家も原稿料をきいてもいいじゃないか」と発言していたら、当時の人たちから大きな支持を得られただろうが、その頃には彼は阪神淡路大震災をきっかけに始めたボランティア活動に熱中していた。

お金儲けはクリエイティブな仕事？

このように、新自由主義的な〝小室スタイル〟は、ビジネスマンはもちろんのこと、アーティスト、医者、教師、さらには主婦にまで急激に広まっていった。とくに二〇〇〇年に竹中平蔵氏とクリエイターの佐藤雅彦氏による『経済ってそういうことだったのか会議』（日本経済新聞社）がベストセラーとなり、「お金儲けはクリエイティブな仕事」「アメリカで競争力をつけさせる方法はただ一つです。それは、もっと競争させること」といったふたりの言葉に多くの人が心酔した頃から「お金やそれを手にするための工夫、競争は必要なもの」という考えは社会全体の常識となった感がある。金融広報中央委員会が中心になって子どもへの「金融教育」の必要性がさかんに主張された。実際には金融教育は、〇二年より小・中学校で始まった「総合的な学習の時間」で行われることが多かったようだ。

たとえば、金融広報中央委員会がサイトで紹介しているモデル授業の中に、こんなタイトルのものがある。「子どもはお金が好きやねん！　今、金融教育が必要なワケ」。この教員は、中学で金融教育をする際、新聞紙で作った一〇〇万円の束が不評だった経験を生かして、次のような試みを行う。

「偽物がダメなら本物で！」ということで前日に銀行で定期預金を解約し、新札で100万円の札束を用意して教室に持ち込みました。そして、「今日は本物や！」といって手渡すと生徒たちは前回と全く違う行動をしたのです。遊ぶどころか緊張して「本物を持つのは怖い！」と手を震わせていた姿は今でも忘れられません。

こういった実践的な教育の経験を通して、教師は次のような結論に到達する。

お金の教育だと思って後ずさりしている大人はいませんか？　子どもは、お金に興味を持ち、その秘めた魅力を知りたがっているのです。大人がダンマリを決め込んでいると間違った情報が入り、人生を台無しにしてしまうかもしれません。もっとオープンにお金のことを子どもと話してみませんか？　なぜなら、子どもはお金が好きやねん！

そして〇四年には、〝お金が好きな若者〟であるライブドア社の堀江貴文氏がいきなり経営難に陥ったプロ野球球団の買収を申し出て、一挙に社会的な注目を浴びた。堀江氏ら若き成功者やＩＴ長者と呼ばれる人たちの登場により、「若い頃からお金に関心を持って、手に入れ方、増やし方も含めて学ぶことが大切なのだ」という価値観は、いっそう正当性を獲得した。

出版の世界もお金の波にのみ込まれた

しかし、この「誰もがお金が好き」という考えは、あまりにも急速に場を選ばずに広がりすぎたのではないだろうか。

出版の世界も、その変化の波にのみ込まれた。二〇〇〇年代に入る頃から、本を上梓するときにも、編集者がそれまでとは違うことを言うようになってきたのだ。「せっかく出すからには、やっぱり売れてほしいですよねえ。つきましては、販売促進活動のためにテレビや雑誌への売り込みをお願いできませんか？」といった具合だ。もっとストレートに、「この本は最低一万部は売れてもらわないと困るのに、まだ二〇〇〇部も売れてないんですよね。類似書のあれは一〇万部も売れてるのに……」などと恨みがましいことを言う人や、執筆する前から「今度の本は何としても売れるものにしたいので、こういう工夫をしてください」とはっきり注文する人まで出てきた。

そういう言い方をする編集者は若い世代に多いのだが、彼らの言葉の前提になっているのも、「著者のあなただって、お金が好きですよね。売れてお金が儲かるほうがいいですよね」という考えだ。

しかし、たとえば本の場合、本当に「売れればよい」のだろうか。また、「売れる本が必ず良い本」なのだろうか。

著者としては、本を書くときに必ずしもいつも「バカ売れして巨額の印税を手にしたい」という思いが動機になっているわけではないだろう。たとえば私の場合、いまの社会を精神科医として見渡して思いついたことが出てくると、それを何とかして人に伝えたい、と思う。「せっかくだからこれをみんなに言ってみようかな」という素朴な気持ちが、本を書くときの動機の大半を占める。

そこで、「そんなことは誰も聞きたくない」と言われれば出版の企画じたいが成り立たないのであきらめもつくのだが、もし「Aという意見はウケないと思うが、Bならウケるかもしれないからそちらを書いてください」と言われたら、どうだろう。いくら「Bなら売れます」と言われても、それが私が言いたいことと大幅にずれていたら、そもそも本を書く必要性もなくなってしまう。

お金儲けだけが動機で本は書けない

ただ私の場合は、学校を卒業してからずっと病院あるいは大学で正社員のクチについてきた。生活費はそこからの給料でまかなえるから、自分の執筆の動機は純粋だ、などと言えるのだろう。そんな反論が聞こえてきそうだ。もちろん、そういう要素も否定はできないが、ただ「とにかく売れ線ねらいで」とそそのかされ、金儲けだけが動機となって本を書き始めても結局、原稿用紙二〇〇枚、三〇〇枚と書き続けて一冊を仕上げることは不可能なのではないか。

サービス業で目の前の相手に「本当におきれいですね」などと心にもないことを言う

行為と、ひとりでワープロや原稿用紙に向かって文字を紡ぎ出して行く作業とは、違うのである。私も、自分がサービス業につくことになれば、おそらく「これはお金のため」と割り切って、心にもないことを言ったり行ったりするだろう。しかし、本を一冊書き上げるためには、「これは売れるため、お金のため」というおまじないだけでは、気力が続かない。心にもないことをひとりで何十時間も書き続けるほどの精神力のタフさは、私にはない。

そう考えれば、「本を書く」という行為は、「お金が好きやねん！」という気持ちとはずいぶんかけ離れたものだ。おそらくこれまでは「本を出したい」という出版社のほうも、ただ売りたい、稼ぎたいだけではなくて、「私たちには、著者の意見を世に出す役割がある」といった使命感も抱いていたからこそ、決して能率が良いとは言えないこの仕事をずっと行ってきたのだろう。そこで、出版の世界にまで「とにかく売れるものがいちばんよいもの」「本はお金が大好きな著者と出版社のために出すもの」といった考えが流れ込むと、言いたくないことを言ったり、意味がないと思われることを編集したり、というおかしなことになってしまう。それでも、まだ巨額のお金が手に入るうちは、

「これはクリエイティブなことだ」と自分に言い聞かせることもできるだろうが、少し売れ行きにかげりが出てくると、とたんに「どうして私はこんなことをやっているのだろう?」と空しさ、ばかばかしさにとりつかれてしまうに違いない。

「できるかぎり儲けなさい」と説いた英国の司祭

もちろん「お金には価値がない、本当にやりたいこと、生きがいと思えることにこそ価値がある」という考えは、時として理想主義すぎて現実離れしたものになってしまう。
東京の下北沢に頌栄教会というプロテスタントの教会があり、私は洗礼を受けたクリスチャンではないのだが、たまにそこの礼拝に参列している。ある日曜の礼拝で、牧師の口から「お金の問題」が語られたことがあった。頌栄教会のホームページには清弘牧師の説教の記録がアップされるので、そこから抜粋して引用してみよう。

一般的に言いまして、信仰の世界では、とかくお金は汚れたものと見られやすいでしょう。なるべく信仰の話題の中ではカネの事に触れないようにしたいと思うの

ではありませんか。(中略)

しかし、正論を言う前に、私たちは考えなくてはならないと思うのです。私にしても、皆さんにしても、今こうして生きているのって、誰かがお金を使ってくれたからでしょう。今こうしているのも、誰かの友でいられるのも、誰かがわたしや皆さんのためにお金を使ってくれたからでしょう。ここに会堂が建っていて、誰かの信仰の友でいられるのも、誰かがお金を出してくれたからでしょう。そもそも、日本に信仰の友がいるのは、宣教師を送ってくれた国々の人たちが、お金を使ってくれたからでしょう。

(二〇〇七年九月二十三日主日礼拝説教の記録より)

そして、説教ではさらに、英国国教会の有名な司祭ジョン・ウェスレーの「金銭の使用法」が紹介される。ウェスレーはこう語ったそうだ。

できるかぎり儲けなさい。できるかぎり貯えなさい。そして、できるかぎり与えなさい。

もちろん、これらの説教で強調されているのは、自分が儲けることではなくて、誰かが自分のために儲けたお金を使ってくれたということ、そして、自分が儲けるのもよいが、それは自分以外の誰かのために与えよということだ。ただ、多くの人が知っている聖書の言葉に「貧しい人々は幸いである」とある通り、とかく「金とは無縁」と思われがちな教会でこうして「お金は汚れたものではない」「できるかぎり儲けなさい」と語られているという事実を見ると、「お金の意味や使い道について一度きちんと考えておかなければ、かえって危険なことになるのかもしれない」と考えさせられるのである。

メルセデスベンツでも満足できない人たち

実際に二〇〇七年、アメリカ・バージニア工科大学で三二人もの学生などを射殺して自殺したチョ・スンヒは、「金があっても満足しない学生たち」に憤怒を感じていたようで、犯行声明ビデオでも彼らへの怒りをあらわにする。

オマエたちは望むものをすべて手にしているくせに。メルセデスベンツでも満足しないクズども！　金のネックレスでも満足しない俗物たち！　オマエたちは資産があっても満足しない。ウォッカとコニャックを飲んでも飽きたりない。どんな道楽にふけっても満足しない。こんなものではオマエたち快楽主義者の欲求は満たせないというわけだな。オマエたちはそれらすべてを持っているというのに。

スンヒの両親は韓国からアメリカン・ドリームを求めて渡米し、苦労してタウンハウスを購入して小さなクリーニング店を経営したという。裕福とは言えないが、子どもたちにかける教育資金を調達するくらいのお金はあった。決して極貧というわけではないだろう。

この声明を見ると、スンヒは自分が貧しいのに裕福な学生がいることに怒っているわけではなく、むしろ富裕な学生がそれに満足せずお金の使い方もわからないことに憤っているようだ。

「できるかぎり儲けなさい」と言われ、その通りにしてきた親のもとで育ち、自分も裕福な暮らしをしていても、いつもため息ばかりついて退屈している。スンヒが銃口を向けたのは、そんな学生たちに対してだったのである。

まだ根深い「お金が第一」の価値観

日本社会でも「できるかぎり儲けなさい」というメッセージばかりがどんどん浸透する中、二〇〇八年の後半、アメリカ発の金融危機が起こり、これまたあっという間にその影響が世界に広まった。それに先立ち、日本でも堀江氏など〝金儲けの寵児《ちょうじ》〟たちが相次いで逮捕され、さらには〝歌うビジネスマン〟こと小室氏までが詐欺の容疑で逮捕されることになり、「とにかく儲けることはよいこと」という価値観はややトーンダウンしつつある。ここに来て、いまさらながら新自由主義を見直し、その過りを正すような出版物も多く出ている。また、とにかくわかりやすくて売れる本、ということにこだわりすぎ、その手の出版物があふれ返ったあまり、日本人の知的レベルが大きく劣化している、という説さえある。

しかし、これらはすべて、私たちが積極的に学習したことではなくて、経済危機などの結果として、「そう思わざるをえないから」と泣く泣く受け入れていることにすぎない。私たちはまだ、「お金にしがみつきすぎる生き方や社会は、本当の意味では人間を幸せにしないのではないか」という問題を真剣に考えてはいない。ただ、景気が回復したら、喉もと過ぎれば、とばかりにまた誰もがお金、お金と言い出して、その頃には小室氏や堀江氏もまた世の中で活躍するようになり……ということで、本当によいのだろうか。百年に一度の経済危機こそ、大きく飛躍するチャンス、という言い方をする人もいるが、もしチャンスだとしたら、それは経済的な飛躍をしたり資産を増やしたりするチャンスではなくて、「お金がいちばん大切」という人の心や社会の芯までしみついた考え方を見直すチャンスなのではないだろうか。

第9章 生まれた意味を問わない

なぜ生まれた価値、生きる意味が必要なのか

半日、診察室で外来診療をしていると、二、三回はこんな言葉に出合うことになる。

「私はどうして生まれたのか、意味がわかりません」

「私なんて、生きている価値もありません」

うつ病などで病的に気持ちが落ち込み、空しさや絶望感に陥っているあまり、そう口にする人もいる。そういう場合は、その発言そのものではなく、それを生んだ気持ちのほうに「そうですか。ずいぶんおつらいんですね」と共感を寄せる。

しかし、はっきりしたうつ病ではなく、親との問題や学校や職場への不適応などの若者やなかなか結婚できずに気持ちが滅入っている女性の場合は、こちらもなかなか素直に共感を寄せることができない。つい、こんなことを言ってしまうこともある。

「生まれたり生きたりするのに、何か意味とか価値なんて必要なんですか」

すると多くの患者さんは、驚いたような顔をして言い返す。

「意味がないのにただ生きている、なんて……。そんなつまらない生き方、考えたこと

もないですよ」

　この人は議論に耐えられるだけのエネルギーがある、と思った場合には、さらに私はつけ加える。

「そうですかね。じゃ、あなたから見て、この人なら生まれた意味がある、生きる価値がある、と思えるのはどんな人ですか」

　シングル女性の場合、多くの人の答えはこうだ。

「それは、結婚して夫に必要とされ、子どもに必要とされている女性ですよ。母親ほど価値のある生き方ってないじゃないですか」

　たいていは、私はそこで「うーん、そうでしょうか。本当にその人じゃなければならない、というほど必要とされているのかどうか……」などとうやむやにして議論を打ち切るのだが、本当はもっとはっきり言いたい。

「たしかに出産にはその女性は必要だったかもしれませんが、その後も本当に子どもや夫に必要とされているかどうかなんて、わからないと思いますよ。現に、病気などで母親が亡くなっても、ちゃんと育つ子どもだって大勢いるわけだし」

男性の場合は、「母親」のかわりに、意味や価値のある存在として、「大切な仕事をしている」だとか「会社を経営している」だとか、「アーティストとして創作活動をしている」という人があげられる。しかし、それにしても「どうしてもその人でなければ」ということはない。せいぜいまわりにいる数人、数十人にとって、「いないよりはマシ」という程度なのではないだろうか。

泣いて別れた患者さんのその後

虚無的に聞こえるかもしれないが、これは哲学や文学の知見に基づいてではなく、私自身の精神科医としての経験から思うことなのだ。精神科医はある時期、その患者さんにとって、たいへん重要な存在となる。ときには、「先生がいなければ生きていけない」「いま私にとって世界一、大切なのは先生の存在です」と言われることさえある。

ただ、精神科医の世界にも異動や転勤があるので、患者さんに主治医の変更をお願いしなければならないことも少なくない。私もこれまで大学医局からの指示や自分自身の都合で、五、六年周期で勤務する病院をかえてきた。患者さんの中には、主治医の交替を告げると泣いたり怒ったり、かなり抵抗を示す人もいる。「これまで、先生にだけ心のうちを話してきたのに、また新しい先生に話すなんてイヤです」「いくつも病院をめぐって、やっと薬の処方の相性があう先生を見つけたのに」。そう言われると、こちらも申し訳ない気持ちでいっぱいになると同時に、「この人にとって私はなくてはならないんだ」と自分の価値や意味を強く感じることができたのも事実だ。

では、お互い泣き別れをして別の病院に行った後、その患者さんはどうなるのだろう。私もいまより若い頃は、どうしてもその後が気になって、新任ドクターやなじみの看護師に連絡を取ってしまうことがよくあった。

そうすると、どうも一般的に、悲惨な別れを経験したケースであればあるほど新しい主治医にもすんなりなじみ、問題なく治療を続けている、ということがわかったのだ。中には、こちらが何年もかけて手こずってきたケースが、新しい主治医になったとたん、見る見るうちに回復して、「先週、退院して仕事にも復帰しましたよ」などと聞かされることもあった。「無事にやってますよ」「ずいぶんよくなりましたよ」と言われるともちろんほっとするのだが、同時に「私の存在は何だったのか」と少し空しい気持ちに襲われたこともあった。

「替えのきく存在」でいるほうがいい

しかし、そういう経験を繰り返すうちに、次第に私は別の考え方をするようになっていった。もし本当に患者さんが「先生がいなければやっていけません」という言葉を実行し、治療を中断したり症状が悪化したりしていると聞かされたとしたら、どうなのだろう。「やっぱり私は不可欠な存在なのだ」と思ってそれなりに満足感は味わえるかもしれないが、だからと言ってまた前の病院に戻って、その人の治療にあたることはできない。「どんどん悪くなっていますよ」と言われてもどうすることもできず、罪悪感やあせりを感じるばかりだろう。

だとしたら、「なんだ、私はいなくてもよかったのか」と一瞬、失望しても、誰かかわりの人がきちんと次の役割を果たしてその患者さんが回復して行くほうが、結局は自分にとっても有益なのだ。自分が「誰とも交替のきかない存在」だとしたら、転勤もできず休暇も取れず、もっと言えば病気になることも死ぬこともできない。気が抜けない毎日で、息が詰まり、治療にもマイナスの影響が出るに違いない。「まあ、私がいなくても、かわりの人がなんとかしてくれるだろう」と思っているくらいが、肩の力が抜けて、いちばん効果的な治療を行うことができるのではないだろうか。

夢破れた「天才音楽家」たちの不幸

これはもちろん、精神科医と患者さんの関係にとどまることではない。

「このために生まれた」「このために生きている」と生まれた目的や自分の価値がはっきりとひとつに定まっている人生などというのは、それだけで本人にたいへんなプレッシャーを与える。ほかの選択肢を選ぶことも、休むことも手抜きをすることも許されないからだ。

また、目的や価値がはっきりした人生の場合、うまく行かなかったときの絶望はいかばかりのものか、とも考えられる。たとえば、「私は世界的なピアニストになるために生まれてきたのだ」とはっきりわかっている、と主張する人が、誰でも本当に世界的ピアニストになれるかと言えば、それは違う。

実は私はある時期、有名な芸術大学の相談室に頼まれて、そこの学生たちの心のケアを引き受けていたことがあったのだが、そこには夢破れた〝天才音楽家〟が大勢おり、治療は難航をきわめた。難関を突破して入学してくる学生のほとんどは、「私は一生、音楽をやるためだけに生まれた」と確信している。ところが、たとえば一学科一〇〇人の学生がいるとしても、世界的なコンクールに入賞してソリストになれるのは、その中の数人。後の人たちは、教職を取って教員になったり、町の音楽教室の先生になったり、小さな楽団のメンバーやレストランで演奏するピアニストなどにならなければならない。一般の音楽好きからすると「ステキなレストランで好きな音楽を聞かせられる、なんてうらやましい」ということになるが、「音楽のために生まれた」と信じて生きてきた人にとっては、それは挫折や失敗でしかない。現実を受け入れることができず、生きる希望を失って自殺未遂を企てたり、アルコールやギャンブルに走ったりする人も少なくなかった。音楽の才能は十分にあるのに「こんなことのために生きてきたわけじゃない」と苦しんでいる彼らを見ていると、「生まれた意味や目的なんて、あまりはっきりしていないほうが幸せなのだ」とつくづく思った。

手に入れたとたんにゴミになる

とはいえ、「何のために生まれたのか」という問いから完全に解放されて生きるのは、人間にとってはむずかしいことのようだ。書店には「あなたが生まれた理由、生きている目的」といった人生本があふれ返り、前世や守護霊などを持ち出して「あなたはなぜこの世に生まれ落ちたか」を説明してくれる霊能占い師たちも相変わらずの人気だ。恋愛がいつの時代も人々の心をとらえるのも、「あなたに会うために私は生まれた」という確信を与えてくれるからだろう。もちろん、仕事やお金というのも、昔もいまも「このために生きている」という気にさせてくれるものであることは間違いない。

しかし、残念ながら、人生本やスピリチュアル的な考え方、あるいは恋愛が教えてくれる「生まれた理由、目的」には、〝賞味期限〟があるようだ。いったん少しでも現実生活がうまくいかなかったり、恋愛の場合は相手に疑問を持ち始めたりすると、「私は本当にこのために生まれたのだろうか」と確信は揺らぎ始める。あるいは、手に入れただけで「これじゃなかった」と思うこともあるようだ。小倉千加子氏との対談の中で、作家の中村うさぎ氏は一流企業に勤務しながら街娼として売春を続けて殺害された東電OLについて語りながら、こう言う。

東電OLほどではなくても、今あらゆる女性が何か自分の野心なり、夢なり、幻想なりを満たすために、会社に入ったり、一匹狼で仕事をしてみたり、または結婚したりする形で、自分で選んでやってきたのに、手に入れてみると、ゴミになっているみたいな、そういう殺伐としたものを抱えているんじゃないかと思うんです。

（『幸福論』岩波書店）

「存在の秘密」は無意識だけが知っている

これまで私が会った中で、「このために生まれた」という確信が揺らがなかった人は、二種類しかいなかった。

ひとつは、新興宗教や悪徳ビジネスなどで洗脳された人たちだ。彼らは、「私はグルにおつかえするためだけに生まれたんです」「この商品を世界に広めるのが生きる目的だと気づきました」と目を輝かせて話す。またもうひとつは、ある種の精神病で強烈な妄想を持った人たちだ。「私は世界を救う救世主だったんです。昨日、宇宙の声が聞こえました。今日から街頭で演説して人々を救いますよ」と夢中で話す人は、「自分がなぜ生まれたのか」という意味を確信しているように見える。

では、洗脳されたり精神疾患に陥ったりして「生まれた目的」を強く確信している人は、本当に幸せと言えるのだろうか。「私もそうなりたい」と思う人は、まずいないだろう。ということは、そういった異常な事態に陥らないかぎり、私たちが「このために生まれた」と確信することは、まず無理と考えたほうがよいのだろう。それにもかかわらず、「何のために生まれたのか」と生まれた目的や生きる価値を追求し始めてしまうと、中村うさぎ氏が言うように「これでもない、あれでもなかった」とゴールの見えない無限のゲームのような状況に陥り、心身をすり減らしてしまうことになる。

追求すると厄介なことになる。かといって、追求しないでいるのもむずかしい。それが「生まれた目的、生きる意味」というもののようだ。

精神分析学者の新宮一成氏は、精神分析の知恵と経験を通して、「人の存在の秘密は、たしかにあるけれど、一生その人にはわからない」と言っている。研究会などの臨床報告で新宮氏がよくあげるのは、患者さんの夢の話だ。夢には、よく手紙やノートなど字が書かれた紙が出てくるが、たいていの場合は、そこに何が書かれているのか、読むことができない。そういう夢は、実は無意識が存在の秘密を自分に伝えようとしているものだ、と解釈される。そしてその秘密が何なのかは、どうやっても自分の意識では読み解くことができないのだ。

その著書『ラカンの精神分析』の中で新宮氏は言う。「主体についての他者の語らいが、主体にとって謎であったとすれば、謎は謎のまま、夢の中に保存されるのである」。つまり、夢見る無意識は、自分が何者か、すでに知っているのだ。さらにつけ加えれば、無意識が知っている「生まれた目的、生きる意味」が、必ずしも自分の満足する答えなのかどうかも、定かではない。もしかすると、自分の無意識は世にもおぞましいことや反社会的なことを企んでいて、「それが私が生まれた目的なのだ」と思っているかもしれない。もしそうだとしたら、そんなことは知らずにいたほうが幸せと言えるのではないだろうか。

深く立ち入らないほうが身のため

こうやって見てくると、どう考えても「なぜ生まれたか」などという問いにはあまり深く立ち入らないほうが身のためだ、ということになりそうだ。もちろん、だからといって、人生には生きる価値もないということにはならない。しかし、生まれた意味にこだわりすぎると、逆に、人生の空しさを強く感じさせられることにもなりかねない。

とりあえず自分に与えられている仕事、役割、人間関係に力を注ぎ、何かがうまくいったら喜んだり得意に思ったりすればよいし、そうでないときには悲しんだり傷ついたり、また気持ちを取り直して歩き出したりする。そんな一喜一憂を積み重ねながら、どこから来たのか、どこに向かっているのかもわからないまま、人生の道を歩いていくその足取りの中で、しみじみとした味わいや満足が得られるのではないか、と私は考える。

とはいえ、この先も人間が「私は何のために生まれたのか」という問いから完全に解放されることはなく、私たちは人生の中で何回も何十回も何百回も、この問いに直面せざるをえないだろう。そこで無理に、「いやいや、考えまい」と考えを追い払う必要もない。そのときは、真剣にこの問いと向かいあい、ああでもない、こうでもない、と悩めばよいのだ。ただ、「本当に答えが出ることはない。逆に、これだ、という答えが出たときは危険なのだ」ということは、頭の片隅にとどめながら悩むべきだ、ということはつけ加えておきたい。

第10章　〈勝間和代〉を目指さない

めまいがするほどの悲しさが押し寄せるとき

講演会の司会者や雑誌のインタビュアーにわたす私の「公式プロフィール」には、こんな一文が含まれている。「精神科医になってからは、臨床経験を生かして、心の問題に関する執筆などを続けている」。

このプロフィールの文章は誰が作ったものだったか、いまではもう忘れてしまった。おそらく、かなり若い頃に出した本の「著者紹介」に編集者が書いてくれた文章だと思われる。これはいい、と思って、そのまま長いあいだ使わせてもらっているのだ。

勝手に使っておいて無責任ではあるが、講演会の司会者が読み上げるこの文章を舞台の袖などで聞きながら、ふと「私の場合、臨床経験は自分の発言にどう生かされているのだろう」と考え込んでしまうことがある。そしてそういうときは、講演が終わって自宅に戻る電車の中で、あれこれとこれまでの診察室での経験を思い返したりすることが多い。

精神科医になって早くも二十五年近くがたつのであるから、もちろんいろいろな経験をした。これまであまり語ったことはないが、患者さんの妄想の対象となって病棟で突然、殴られたことや「殺す」と脅されたこともあった。パーソナリティ障害の患者さんからひっきりなしに病院に電話がかかってきて、事務職員の人たちから「これでは仕事にならないので、あの患者さんから電話が来ないようにしてもらえないなら、私たちが退職します」と迫られたこともあった。

しかし、こういったことは精神科医であれば多かれ少なかれ誰もが経験していることであるし、不思議なことに怖さもうっとうしさもあまり感じることはなかった。なぜなら、この患者さんたちは私利私欲や打算でこんな行動を取っているわけではなく、病気によってそうせざるをえなくなっているだけだからだ。

たとえば、妄想に考えを支配されて「医者を刺さなければ私が殺される」とそれを実行したとしても、得する人は誰もいない。もちろん私は大きなダメージを受けるが、患者さん本人も達成感もなければ大きなお金を手にすることもできず、また別の妄想で頭がいっぱいになるだけだ。逮捕され、精神鑑定の結果、無罪になるかもしれないが、長く病院に措置入院して社会的生命はほとんど絶たれることになるだろう。その家族も一生、重荷を負わなければならない。

それに、そもそもその人の行動の原因の多くが病気にあるとしたら、それを十分に治療できなかったのは、医者としての私の治療の失敗ということでもある。

そういったことをあわせて考えると、たとえ患者さんが粗暴な行動に出たり医者である私を激しくののしったりしても、怒りや不快の感情はわいてこない。そのかわりに、なんとも言えず悲しい気持ちになってしまう。この人が病気になってしまったのは悲しい、それによって誰も得をしないのに怒鳴っているのも悲しい、私がこの人の病気を治せないのはもっと悲しい。そんな途方もない悲しさが押し寄せてめまいがしそうになるのをこらえながら、私は「こういう場合に少しでも効果がある治療は」と必死で考える。

そんなとき、『万葉集』に収められた大伴旅人の歌が頭に浮かぶこともある。

世の中は　空しきものと知る時し　いよよますます悲しかりけり

がんばれば夢はかなうのか

妄想を生む病気の代表である統合失調症という病気は、いまだに予防法が確立していない。「脳の機能異常」ということ以上には、「なぜなるか」という原因もはっきりしていない。親の養育態度や学校でのいじめなどは、発病のひきがねのひとつになることはあってもそれが原因そのものとは言えない。もちろん、本人の努力や心がけなどと発病には、何の関係もない。

つまり、親がいくら愛情深く育てても、すばらしい教師に恵まれても、本人が勉強や仕事でがんばっていても、統合失調症などの心の病気が発病するときはする。そして、運悪くそれがこじれてしまうと、それまでのその人からは考えられないような恐ろしい妄想が生じたり、それに支配された言動が出現したりすることもあるのだ。

これは、何も心の病気に限ったことではないだろう。「生活習慣病」という概念が生まれてから、あらゆるからだの病気はその人の不摂生や健康管理の悪さで起きるように思われがちだが、そんなことはない。いくら無農薬野菜中心のヘルシーな食生活を続け、運動をして理想的な体重を保っていても、病気になるときはなる。交通事故や災害にしても同様で、本人の注意で防げる範囲には限界がある。

また、病気や事故にはあわなかったものの、極端に環境に恵まれない場合も同じだ。病院という場で仕事をしていると、医者の私も心の中で「なぜこの人がこんな不幸な目にあわなければならないのか」と神に抗議したくなるような人に、毎日のように出会う。というより、「まあ、この人の場合、病気になったのは自業自得か」と思えるようなケースのほうが、ずっと少ないのが実際のところだ。

こんな生活を二十五年近くも続けていると、世の中の見方もちょっとかたよってくるのが当然だと思う。私は、「がんばれば夢はかなう」とか「向上心さえあればすべては変わる」といったいわゆる〝前向きなメッセージ〟を聞くたびに、診察室で出会った人たちの顔を思い出して、こう反論したくなる。「あの人はずっとがんばっていたのに、結局、病気になって長期入院することになり夢は潰《つい》えたじゃないか」「両親とも自殺して、育ててくれた祖父が認知症になっている彼女が、どうやって向上心を出せばよいのか」

努力したくても、そもそもそうできない状況の人がいる。あるいは、努力をしても、すべての人が思った通りの結果にたどり着くわけではない。これはとても素朴でシンプルな事実であるはずなのだが、まわりを見わたしてみるととくに最近、そのことを気にかける人がどんどん減っているように思える。

それは、たとえて言えばこんなイメージだ。笑顔で誰かに、「がんばれば夢はかなうんですよ」と言われる。それに対して、こちらは真剣に「いや、がんばれない人、がんばっても夢がかなわない人もいるんです」と反論する。すると相手は、うなずきながら私の話を聞いたあとで、また笑顔でこう言うのだ。「努力さえすればどんな夢でもかなうんです」

つまり、努力できない人や失敗して窮地に陥っている人がいることなど、世の中には最初から存在していないかのように扱われてしまうのだ。精神分析の用語では、この「なかったように扱うこと」を「否認」と呼ぶ。「否認」がどういうときに起きて、どんな影響をそれをする本人に与えるかについては、もう少し後で述べよう。

いまの競争社会における成功者

やる気を出して努力し向上し続け、その先に大きな成果や成功を目指す生き方を説く本やセミナーは従来から一定の人気を保っているが、最近になってそのニーズはますます増えている。作家の佐藤優氏が「いまの競争社会における成功者」というアナリスト勝間和代氏の本が次々にベストセラーとなっているのも、その表れであろう。『起きていることはすべて正しい――運を戦略的につかむ勝間式4つの技術』『無理なく続けられる　年収10倍アップ勉強法』『勝間和代　成功を呼ぶ7つの法則』『勝間式「利益の方程式」――商売は粉もの屋に学べ！』など、その著作のタイトルはどれも前向きで肯定的しかも実践的である。「尊敬できる人にはじめて出会えた」「彼女を知ったことが自分を変えてくれた」「勝間さんが原動力となり先の世界が広がっている」とまで語る熱烈な読者たちは「カツマー」とも呼ばれ、その人たちだけで集まっての勉強会なども頻繁に行われているという。

たとえば、彼女のプライベートヒストリーを紹介しながら、彼女の主だった著作のエッセンスをまとめたムック『成功を呼ぶ7つの法則』には、「三毒（妬む、怒る、愚痴る）追放を実行する」「投資と消費の区別をつける」「自分をGoogle化する」など、日常の中でできる具体的な心がけや行動規範がいくつかあげられた後、「上手にわがままになる」という項目が出てくる。〝わがまま〟は上司や仕事の相手にとっては迷惑に取られがちだが、それは違う。やれない仕事は断り、やれる仕事に最大限の効率を発揮する、といった結果を見せれば、結局は信頼関係はむしろ増すはず、というのが勝間氏の主張だ。もちろん、わがままだけ言ってあとは適当にサボる、というのとは違う。あくまで大切なのは、「最大の結果の発揮」にあるのだ。勝間氏によれば、「この法則を知っているだけで、相手がどんどんと信頼をし、成功を運んできてくれる」ということだ。

本格的な貧困に陥った人は救われるが……

しかし、先ほども言ったように、「最大の結果の発揮」ができる人もいれば、できない人もいる。そういう人は、相手からは「わがままだけ言って何もできない人」と失望されるだろう。その場合はどうすればよいのだろう。勝間氏は、そういうときのためにも「心と体の体力をつける」という法則が必要だと次に提示する。「体力・決断力を鍛えることで、心身が鍛えられ、相手との関係性が良くなり、幸運が集まります」

では、決断力や判断力がなかなか鍛えられず、なかなか「心の体力がつかない」という人はどうすればいいのか。そこまでのフォローは、勝間氏の本の中には出てこない。勝間氏は、「Ｃｈａｂｏ！」と呼ばれるチャリティプログラムに参加していて印税の二割を貧困にあえぐ国の子どもたちの自立支援に提供する、など社会貢献活動にも取り組んでいる。ただ、本格的な貧困に陥った人はこういったプログラムにより救済の手が差しのべられるのかもしれないが、そこまでには至っていない弱い立場にある人、失敗しかけている人、競争に参加できない、あるいは脱落した人たちの存在を、勝間氏のような「努力、競争、成功」を掲げる人はどう考えているのだろう。そのあたりは、他の前向きな生き方本を読んでいても明らかにされていない。

断る以前に依頼が来ない人のほうが多い

また、二〇〇九年になって発刊された勝間氏のベストセラーのひとつに『断る力』があるが、この本では「実に次々と依頼が来ます」という勝間氏への凄まじい〝依頼攻勢〟の一端が明らかにされている。一週間平均で、実に講演依頼が二〇、マスコミからの取材要望が一五。この中から勝間氏は二つか三つのみを選んでそれに全力を投入し、残りの八、九割は断ることにしているという。こうやって絞りに絞って「お話をいただいた時から、強く私の方もコミットをして、時間を確保し、集中して関与するようにすることで、結果的には雑誌であれば「通常の週の30パーセント増し」の売上を記録したり、「おかげさまで、チームが社内表彰を受け」たりすることになる。自慢話か、といった批判を覚悟で勝間氏は、「とにかく伝えたいのは、断る力の威力」だと言うのだ。

しかし、世の中には、殺到する依頼を勇気を出して断ろうにも、そもそも依頼じたいが来ない、という人のほうが多いのではないだろうか。

私はたまに、患者さんのキャンセルが続き、診察室で診療の合い間にぽっかりできた十五分くらいの空白の時間をすごすことがある。よし、このすきにメールチェックだとか、おやつのチョコレートを食べようとか、たいていはその空白を有意義に使うのだが、隣の婦人科の診察室にはひっきりなしに患者さんが入っているのを見たりすると、ふと不安になる。これは自分の医者としての未熟さが招いた不人気ではないか、この先、ずっと誰も患者さんが来ないのではないか、などどんどん悪いほうに考えが進みそうになるのである。

愛読している風俗嬢たちのブログでも、忙しいときには「寝られないのはツライがあたしって人気者だから」と強気な女性たちが、ちょっと客足が途絶えただけで、突然、弱気になることはよくある。

いま22時……まだ0人。あたしが待機中に、ふたり、3人とお客様についているコが何人もいる。ナンデ？　ドウシテ？　あたし何かやらかしちゃった？　スタッフに嫌われてる？　お客様にとっても遊ぶ価値のない女、ってこと……？

診察室に患者が途絶えるのも、風俗嬢を指名する客がいないのも、ほとんどの場合は偶然の結果だ。また翌日になれば、多くの患者や客が押し寄せ、「断る力」を発揮しなければとてもさばききれなくなるのかもしれない。しかし、そうはわかっていても、依頼や要望がない、指名されない、という事態がいったん生じると、すぐに人は「これは偶然などではなくて、私という人間が誰からも望まれていないからだ。私にはもう価値がないのだ」と自分の意味や価値を問い始めてしまう。そして、いったんそう考え始めると、孤独、絶望、自分の無価値感があっという間に心の中で増幅し、「私は世界中から見捨てられている」とまで考えるようになる。

必要なのは「断る力」より「耐える力」

いまの世の中、殺到する依頼の処理に困る人と、依頼がないことで不安になる人と、いったいどちらが多いのだろうか。確実な数字があるわけではないが、どう考えてもそれは後者なのではないか。しかも、それはいまに限ったことではない。一九六五年に出版された詩人・金子光晴の『絶望の精神史』の冒頭には、こうある。

手近にひろいあげてみても、僕らの身辺に絶望者はこと欠かない。出世から見放された人、事業に失敗して、一生かかっても、とてもつぐないきれない借財を背負った人、失恋者、不治の病で、再起の見込みの立たないことを自覚した人、この世のすべてのものに信頼できなくなった人、よりどころになっていたものを失ったり、たよりにしていたパトロンに死なれたりして、生きてゆくファイトのなくなった人、そんな人はいっぱいころがっている。

東京オリンピックの翌年、〝日本がいちばん元気だった頃〟などと言われるその時代にも、このように絶望にとりつかれた人は大勢いたのである。金子は、「人間に死のあること」がそもそもの絶望の本質であるとしながらも、日本の場合はとくに「近代百年の夢の挫折」という特殊な体験を経て「絶望の風土」が形成された、との独自の説を展開するのである。日本が「絶望の風土」なのかどうかの議論はさておき、いずれにしても「絶望する人」は昔もいまも決して特殊な存在ではないということだ。

こうやって考えてくると、殺到する依頼を断ったりその中からひとつを選んだりする「断る力」を必要としている人が、はたしていまの日本にどれほどいるのだろうか。人々が本当に必要としているのは、〝誰からも依頼がない〟といったときに自信を喪失したり自暴自棄になったりせずに、静かに孤独や絶望に「耐える力」のほうだと言えるのではないのだろうか。あるいは、幸いにして「断る力」を動員しなければならないような状況にある人も、自らへの依頼や要望をいかに効率よくさばくかに頭を悩ますより、運悪く孤独や絶望の淵に立たされている人の「耐える力」がどうすれば高まるかを考えるべきなのではないだろうか。

「私の成功は努力の結果」と思いたい心理

ただ、依頼や要望を選べる立場にある人が「選びようにも依頼が来なくて、自分は無価値だと絶望する人がいる」ということを認めるのは、意外なほどむずかしい。それは、先に述べたように「否認」という心の防衛メカニズムが働くからだ。依頼のない人、思ったように活躍できない人とは、いったいどういう人なのか。勝間ファンであれば、それは「妬む、怒る、愚痴る」の〝三毒〟にどっぷり浸かっている人だ、と言うかもしれない。だとしたら、それは自業自得ということになる。

しかし、病院での経験から私が気づいたように、人生が思い通りに展開していない人の多くは、努力が足りないわけではなくて病気になったり勤めた会社が倒産したり、という〝不運な人〟なのだ。たとえ、努力不足が挫折や失敗の原因であったとしても、丹念にその人生を振り返ると、そもそも家庭環境などに恵まれず、努力しようにもできる状態になかった、という場合が多い。そして、依頼殺到の人気者の側にいるか、誰からも相手にされない絶望や孤独の側にいるかは、本当に〝紙一重〟だと私は思う。

それなのに、いくら成功者でも、というより成功者であればあるほど、「私がいまあるのは幸運と偶然の結果であって、一歩間違えれば、私も病気になったり家族に虐待されたりしていま頃孤独な失敗者だったかもしれない」と思えなくなるのだ。彼らは、「私の成功は努力の結果だ。たとえ恵まれない状況に生まれていても、私の場合は、努力で今日の成功を勝ち取っていただろう」と考えることで、自分の成功は必然であり、不動のものであることを自分に納得させようとするのだ。そうやって失敗の可能性を否認し、失敗者などものの数ではないと否認しなければ、「明日は私も孤独と絶望の側に回るかも」という不安がむくむくと膨らみ、いても立ってもいられなくなるからである。

紛れもない現実を否認しない

このようにして、社会は本当は偶然と幸運の結果、たまたまいまは成功している、あるいは成功しているかのように見える一握りの人たちと、彼らが「そんな人はいない」

「うまくいかないのは自業自得、自己責任だ」と否認しようとする多くの成功していない人たちや絶望している人たちとで作られることになる。

本来であれば、成功者たちには、そうでない人たちのために自分の持っているものや知恵を使う役目があるはずなのだが、ほとんどの人は「それよりももっと成功することを考えましょう」と前を向こうとするばかりだ。かくして、前ばかり見る成功者と絶望の淵に立つ人たちとの距離はますます開き、最終的には不自然な否認のメカニズムを使っていつも明るく元気で前向きなポーズを取り続ける成功者もクラッシュし、絶望の淵にいる人たちはさらにひどい状況へと落ちていく、という破滅的な事態に陥ることも考えられる。

「あなたもこのメソッドで成功の道へ」というメッセージが世の中にはあふれているが、その道に乗るためには、「失敗することなんてない、失敗する人は本人のせい」という強烈な否認のメカニズムを心の中で起動させなければならない。否認は、それだけでは病的なものではないが、いつまでも続いたり強さが増したりすると、その人を神経症などの病的な状態に追い込む原因となる。

「私も変われる」「成功者の道へ」という一時の高揚感を得るために、自分を不自然な状態に追い込んでも、結局は自分のためにも社会のためにもならないはずだ。もちろん、それでも「私は前へ進む」と思う人はそれでよいのだが、誰もが成果を一〇倍にしたり自分の意思を強く伝えたりスペシャリストになったりする必要はないはずだ。

それよりも、「私だって一歩間違えればたいへんな失敗者になるかもしれない」「いまうまくいっているのは運がよかったから」という紛れもない真実をしっかり認められる力を身につけることができたら、そのほうがずっと自分と人のためになるはずだと思う。そして、もちろん「やっぱりそんな恐ろしい事実は認めたくない」という人がいてもいいのだ。

人生には最高も最悪もない

このように「運がよかったから成功できたけれど、失敗した可能性だってある」と認める人も、「いや、私には失敗することなんてあってはいけない」と失敗を恐れるあまり身動きが取れなくなっている人も、実は、勝間和代さん級の成功者でもなければ、巻き返し不可能な状態にまで陥っている失敗者でもない。大まかな分類で言えば〝ほどほどの人〟〝そこそこの人〟ということになるだろう。世の中の大多数の人たちは、程度の差こそあれ、この〝ほどほど、そこそこの人〟と言える。あえて点数で言えば、一〇〇点でもなければ〇点でもない、多少の上下はあるけれどならせば六〇点か六五点くらいだろうか、といった人たちだ。

たとえば私自身も、勝間さんのように子どもがいるわけでも、からだのために自転車に乗っているわけでも、もちろん何十万部といったベストセラーを連発したり医者として医学の進歩に大きな貢献をしたりしているわけでもない。人生も体力も仕事も、勝間さんの成功ぶりにはとても及ばない。ただ、自分のゆるやかなペースで週に何度かの診療に臨み、それが終わると職場の近くのスーパーで買ったおいしいお弁当を食べ、もらったり保護したりしているうちに六匹にもなったイヌやネコが戯れるのを見て笑い、親の介護問題を考えてはまた暗い気持ちになる、という日々は、〇点ではないだろう。「改善の余地、おおいにあり」ではあるが、自分にはこれ以上のことはできないし必要もない、という気もする。

しかし、こんな私でさえ三十代の頃は、書店に並ぶ「あなただってがんばればもっと前に進める」「ちょっとした心がけですべてが変わる」といった自己啓発本を目にしては、「このままじゃいけない、九〇点以上の人生を目指すべきではないか」と思ったこともあった。また、そのときどきの時代を象徴する成功者たちが「私も若いときはコンプレックスのかたまりでした」などと雑誌などで語るのを見ると、「私と同じじゃないか、だとすれば私だってこれからがんばれば……」と錯覚しそうになったこともある。

もちろん、そういう〝時の成功者〟に「もしかしたら私も」と夢を見て、そのあこがれを日々のがんばりのモチベーションにすることじたいは、悪いことではない。とはいえ、いくら前向きな気持ちで努力したところで、才能、環境、タイミングなどに恵まれた成功者とまったく同じになるわけではない。

それにそもそも、本当にマスコミに登場している成功者のような人生を、すべての人が歩む必要があるのだろうか。さらには、成功者たちは、本当に雑誌やテレビが報じているようなすばらしい人生、悩みなき生活を送っているのだろうか。そのあたりも考えてみる必要があるだろう。

人生には最高もなければ、どうしようもない最悪もなく、ただ〝そこそこで、いろいろな人生〟があるだけなのではないか。だとしたら、目指すモデルや生き方がどれくらい多様か、というのが、その社会が生きやすいかどうか、健全であるかどうかの目安になると言えるはずである。

あとがき

いったいいつから、生きることがこんなに大変なことになってしまったのだろうか。

診察室や大学で、講演会の質疑応答や読者からのハガキで、さらには自分の友人や家族とのおしゃべりの中で、いつも私の頭をよぎるのはこんな問いだ。

特別目立ちたい、あっと驚かれるほど成功したい、全世界から賞賛されたい、などという人には、ほとんど出会ったことがない。みな「十人並みの人生でふつうの幸せが手に入れば、それでいいんです」などと言う。そして、誰もがそうするように、学校や仕事に行ったり、家事に取り組んだり、趣味を持とうとしたりしている。

それなのに、その〝十人並みの人生〟さえ送れずにいる、という人が大勢いる。もしくは、たとえ客観的にはまあまあの生活であるにもかかわらず、〝ふつうの幸せ〟の実感が得られずに、「私は平均よりかなり不幸なのではないか」「おかしい、何かが足りない」と穴の開いた心を抱えながら生きている人もいれば、常に「病気になったらおしまいだ」「老後はどうすればいいのか」と不安に怯えて暮らす人もいる。子どもがいないことに劣等感を抱く人もいれば、子どもがいるから働けないとあせる人もいる。

ふつうに生きて、ふつうに幸せになるって、そんなにむずかしいことなのか。みんなと同じくらい努力して、それなりに生活することができさえすれば、あとは少しくらい足りないこと、不満なことがあったとしても、堂々と胸を張って生きていてよいはずなのではなかったのか。病気や老後の心配はあっても、いざというときには誰かが助けてくれるはずではなかったのか……。

いったい、何がどういうことになり、これほど〝ふつうの幸せ〟が手に入りにくいものになったのであろう。

その原因を「社会」の問題にもとめよう、という本は、すでに数多く出ている。雇用、医療、そして介護など、社会の側の問題が解決しなければ、たしかに〝ふつうの幸せ〟は再び私たちの手には戻ってこない。

とはいえ、私たち自身にもできることはいくつもあるはずだと思う。

そのひとつが、「しがみつかない」という心や姿勢だ。この本では「しがみつかない生き方」を自分で〝ふつうの幸せ〟を取り戻すための基本ルールとして、なるべく具体的にそしてシンプルに解説を加えた。これらの考えのヒントになっているのは、診察室での二十年以上の経験だ。私に多くのことを教えてくれた患者さんたちに、心から感謝したい。また、本書の企画段階から執筆まですべての過程を力強く、そして心やさしく支えてくれた幻冬舎の小木田順子さんにも、この場を借りて感謝の気持ちを伝えたい。

ふつうにがんばって、しがみつかずにこだわらずに自分のペースで生きていけば、誰でもそれなりに幸せを感じながら人生を送れる。それで十分、というよりそれ以外の何が必要であろうか。

二〇〇九年七月

香山リカ

著者略歴

香山リカ《かやまりか》

一九六〇年札幌市生まれ。東京医科大学卒業。
精神科医。立教大学現代心理学部映像身体学科教授。
豊富な臨床経験を活かし、現代人の心の問題のほか、政治・社会批評、
サブカルチャー批評など幅広いジャンルで活躍する。
『スピリチュアルにハマる人、ハマらない人』
『イヌネコにしか心を開けない人たち』(ともに幻冬舎新書)、
『鬱《うつ》の力』(五木寛之氏との共著、幻冬舎新書)、
『親子という病』(講談社現代新書)、『雅子さまと「新型うつ」』(朝日新書)、
『文章は写経のように書くのがいい』(ミシマ社)など著書多数。

幻冬舎新書 132

しがみつかない生き方

「ふつうの幸せ」を手に入れる10のルール

二〇〇九年七月 三十 日 第一刷発行
二〇〇九年八月三十一日 第六刷発行

著者 香山リカ

発行人 見城 徹
編集人 志儀保博
発行所 株式会社 幻冬舎
〒一五一-〇〇五一 東京都渋谷区千駄ヶ谷四-九-七
電話 〇三-五四一一-六二一一(編集)
〇三-五四一一-六二二二(営業)
振替 〇〇一二〇-八-七六七六四三
ブックデザイン 鈴木成一デザイン室
印刷・製本所 中央精版印刷株式会社

Printed in Japan ISBN978-4-344-98132-4 C0295
幻冬舎ホームページアドレスhttp://www.gentosha.co.jp/
*この本に関するご意見・ご感想をメールでお寄せいただく場合は、comment@gentosha.co.jpまで。